中部地方
佐渡
隠岐諸島
中国地方
九州地方
四国地方
近畿地方
伊豆諸島
石川県
富山県
富山
長野県
長野
金沢
福井
福井県
岐阜県
岐阜
甲府
山梨県
静岡
静岡県
名古屋
愛知県
三重県
津
滋賀県
大津
京都府
京都
兵庫県
神戸
大阪府
大阪
奈良県
奈良
和歌山県
和歌山
淡路島
鳥取県
鳥取
松江
島根県
岡山県
岡山
広島県
広島
山口県
山口
香川県
高松
徳島県
徳島
松山
愛媛県
高知
高知県
対馬
長崎県
壱岐
福岡県
福岡
佐賀県
佐賀
長崎
五島列島
大分
大分県
熊本
熊本県
宮崎県
宮崎
鹿児島
鹿児島県
大隅諸島
屋久島
種子島

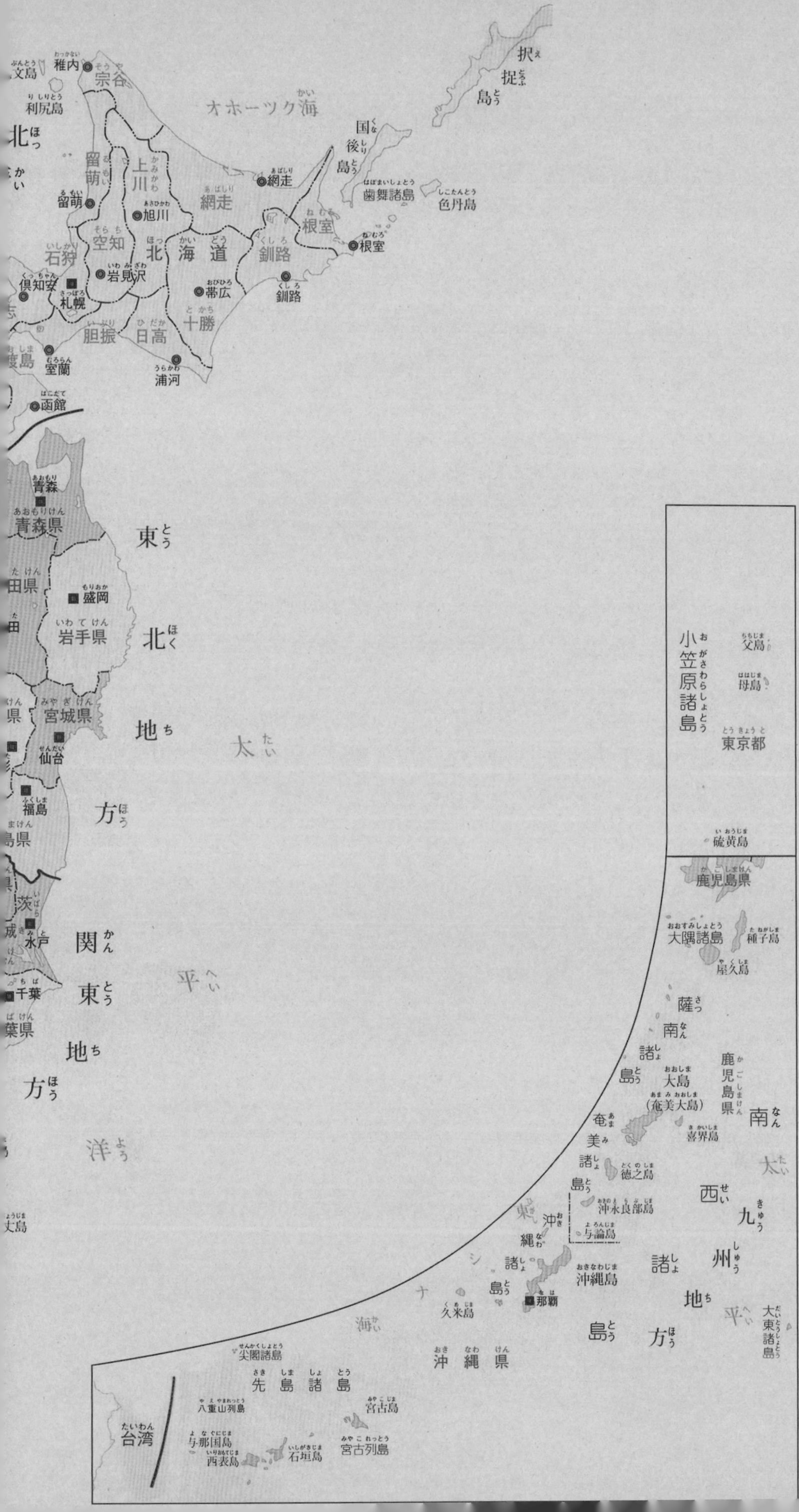

文島
稚内
宗谷
利尻島
北
オホーツク海
択捉島
国後島
留萌
上川
網走
歯舞諸島
色丹島
留萌
旭川
網走
根室
石狩
空知
北海道
釧路
根室
倶知安
岩見沢
帯広
釧路
札幌
十勝
胆振
日高
渡島
室蘭
浦河
函館
青森
青森県
東北地方
田県
盛岡
岩手県
宮城県
仙台
福島
島県
茨城
水戸
関東地方
千葉
葉県
太平洋
小笠原諸島
父島
母島
東京都
硫黄島
鹿児島県
大隅諸島
種子島
屋久島
薩南諸島
大島
(奄美大島)
鹿児島県
南西諸島
喜界島
奄美諸島
徳之島
沖永良部島
与論島
沖縄諸島
東シナ海
沖縄島
那覇
久米島
九州地方
大東諸島
尖閣諸島
沖縄県
先島諸島
八重山列島
宮古島
台湾
与那国島
西表島
石垣島
宮古列島

즐겁고 유쾌한 일본어 여행

# 다노시이 **일본어** 입문

## たのしい 日本語入門

# 다노시이 일본어 입문

2006년 8월 30일 개정1판1쇄 발행
2014년 2월 28일 개정2판1쇄 발행
2014년 8월 30일 개정2판2쇄 발행
2016년 2월 12일 개정2판3쇄 발행
2017년 3월 13일 개정2판4쇄 발행
2018년 8월 27일 개정2판5쇄 발행
2021년 2월 5일 개정2판6쇄 발행

지 은 이 나성영 · 홍민표
펴 낸 이 신일희
펴 낸 곳 계명대학교 출판부
출판등록 제347-1998-1호(1970. 9. 1)
주 소 대구광역시 달서구 달구벌대로 1095
대표전화 053-580-6233
팩 스 053-580-6235
홈페이지 www.kmupress.com

ISBN 978-89-7585-664-8 03730 정가 11,000원



이 도서의 국립중앙도서관 출판시도서목록(CIP)은 서지정보유통지원시스템 홈페이지(http://seoji.nl.go.kr)와 국가자료공동목록시스템(http://www.nl.go.kr/kolisnet)에서 이용하실 수 있습니다.(CIP제어번호: CIP2014007018)

**듣기 파일**은 계명대학교 출판부 홈페이지 www.kmupress.com에서 다운로드 할 수 있습니다.

# 머리말

본 교재는 2006년에 발행된 『다노시이 일본어1』(계명대학교 출판부)을 대폭 개편한 것이다. 우선 본문 내용을 현실에 맞는 참신한 내용으로 대폭 수정, 보완하였으며 문형연습도 도표를 활용하여 내용을 쉽게 이해할 수 있도록 하였다. 또한 각 과마다 일본어 발음을 연습할 수 있는 코너를 신설하였고 각 과에 새로 나오는 모든 단어에 東京語 악센트 표기와 함께 「あいうえお」순으로 배열하여 새로 나온 단어를 쉽게 찾아볼 수 있도록 배려하였다. 무엇보다도 본 교재는 실용적인 문장을 다양하게 제시하여 일본인과의 의사소통능력 배양에 중점을 둔 점이 가장 큰 특징이다. 또한 교재에 제시되어 있는 다양한 문장이나 표현을 통하여 기본적인 일본인의 언어문화도 이해할 수 있도록 배려한 점이 기존의 교재와 다른 점이라 할 수 있다.

한편 본 교재는 강의교재로 작성되었기 때문에 기존의 일본어 참고서나 교재와는 구성이 많이 다르다. 즉 본 교재는 한국어 설명이 거의 없기 때문에 수업시간에 강의를 집중해서 듣고 필요한 내용을 본인이 메모하면서 적극적으로 수업에 참여해야 한다. 따라서 입문단계의 학습자가 혼자서 공부하기에는 다소 어려운 면이 있다는 점도 미리 밝혀두는 바이다.

이와 같은 본 교재의 특징을 잘 이해하고 수업에 적극적으로 임한다면 입문에서 중급수준의 일본어를 충분히 습득할 수 있으리라 확신하는 바이다. 끝으로 이 책이 나오기까지에는 여러 선생님의 도움이 있었다. 우선 일본어 문장을 원어민의 입장에서 꼼꼼하게 점검해 주신 후쿠토미(福富)선생님과 나카무라(中村)선생님의 도움에 감사드린다. 또한 열과 성을 다하여 성실하게 끝까지 집필을 도와준 박민정선생님에게도 이 자리를 빌어 고마움을 표하는 바이다.

2014월 2월 저자

# 목 차

01

# 제 1 과 일본어의 문자

## 1. 히라가나(ひらがな)

### (1) 청음(清音)

| | | | | |
|---|---|---|---|---|
| あ [a] | い [i] | う [ɯ] | え [e] | お [o] |
| か [ka] | き [ki] | く [kɯ] | け [ke] | こ [ko] |
| さ [sa] | し [ʃi] | す [sɯ] | せ [se] | そ [so] |
| た [ta] | ち [tʃi] | つ [tsɯ] | て [te] | と [to] |
| な [na] | に [ni] | ぬ [nɯ] | ね [ne] | の [no] |
| は [ha] | ひ [çi] | ふ [ɸɯ] | へ [he] | ほ [ho] |
| ま [ma] | み [mi] | む [mɯ] | め [me] | も [mo] |
| や [ja] | (い) [i] | ゆ [jɯ] | (え) [e] | よ [jo] |
| ら [ra] | り [ri] | る [rɯ] | れ [re] | ろ [ro] |
| わ [wa] | (ゐ) [i] | (う) [ɯ] | (ゑ) [e] | を [o] |
| ん [N] | | | | |

(2) 탁음(濁音)

| が | ぎ | ぐ | げ | ご |
|---|---|---|---|---|
| [ga] | [gi] | [gɯ] | [ge] | [go] |
| ざ | じ | ず | ぜ | ぞ |
| [za] | [dʒi] | [dzɯ] | [ze] | [zo] |
| だ | ぢ | づ | で | ど |
| [da] | [dʒi] | [dzɯ] | [de] | [do] |
| ば | び | ぶ | べ | ぼ |
| [ba] | [bi] | [bɯ] | [be] | [bo] |

(3) 반탁음(半濁音)

| ぱ | ぴ | ぷ | ぺ | ぽ |
|---|---|---|---|---|
| [pa] | [pi] | [pɯ] | [pe] | [po] |

(4) 요음(拗音)

| きゃ | きゅ | きょ |
|---|---|---|
| [kja] | [kjɯ] | [kjo] |
| しゃ | しゅ | しょ |
| [ʃa] | [ʃɯ] | [ʃo] |
| ちゃ | ちゅ | ちょ |
| [tʃa] | [tʃɯ] | [tʃo] |
| にゃ | にゅ | にょ |
| [ɲa] | [ɲɯ] | [ɲo] |
| ひゃ | ひゅ | ひょ |
| [ça] | [çɯ] | [ço] |
| みゃ | みゅ | みょ |
| [mja] | [mjɯ] | [mjo] |
| りゃ | りゅ | りょ |
| [rja] | [rjɯ] | [rjo] |

| ぎゃ | ぎゅ | ぎょ |
|---|---|---|
| [gja] | [gjɯ] | [gjo] |
| じゃ | じゅ | じょ |
| [dʒa] | [dʒɯ] | [dʒo] |
| ぢゃ | ぢゅ | ぢょ |
| [dʒa] | [dʒɯ] | [dʒo] |
| びゃ | びゅ | びょ |
| [bja] | [bjɯ] | [bjo] |

| ぴゃ | ぴゅ | ぴょ |
|---|---|---|
| [pja] | [pjɯ] | [pjo] |

## 2. 가타카나(カタカナ)

### (1) 청음(清音)

| ア | イ | ウ | エ | オ |
|---|---|---|---|---|
| [a] | [i] | [ɯ] | [e] | [o] |
| カ | キ | ク | ケ | コ |
| [ka] | [ki] | [kɯ] | [ke] | [ko] |
| サ | シ | ス | セ | ソ |
| [sa] | [ʃi] | [sɯ] | [se] | [so] |
| タ | チ | ツ | テ | ト |
| [ta] | [tʃi] | [tsɯ] | [te] | [to] |
| ナ | ニ | ヌ | ネ | ノ |
| [na] | [ni] | [nɯ] | [ne] | [no] |
| ハ | ヒ | フ | ヘ | ホ |
| [ha] | [çi] | [ɸɯ] | [he] | [ho] |
| マ | ミ | ム | メ | モ |
| [ma] | [mi] | [mɯ] | [me] | [mo] |
| ヤ | (イ) | ユ | (エ) | ヨ |
| [ja] | [i] | [jɯ] | [e] | [jo] |
| ラ | リ | ル | レ | ロ |
| [ra] | [ri] | [rɯ] | [re] | [ro] |
| ワ | (ヰ) | (ウ) | (ヱ) | ヲ |
| [wa] | [i] | [ɯ] | [e] | [o] |
| ン | | | | |
| [ɴ] | | | | |

## (2) 탁음(濁音)

| ガ | ギ | グ | ゲ | ゴ |
|---|---|---|---|---|
| [ga] | [gi] | [gɯ] | [ge] | [go] |
| ザ | ジ | ズ | ゼ | ゾ |
| [za] | [dʒi] | [dzɯ] | [ze] | [zo] |
| ダ | ヂ | ヅ | デ | ド |
| [da] | [dʒi] | [dzɯ] | [de] | [do] |
| バ | ビ | ブ | ベ | ボ |
| [ba] | [bi] | [bɯ] | [be] | [bo] |

## (3) 반탁음(半濁音)

| パ | ピ | プ | ペ | ポ |
|---|---|---|---|---|
| [pa] | [pi] | [pɯ] | [pe] | [po] |

## (4) 요음(拗音)

| キャ | キュ | キョ |
|---|---|---|
| [kja] | [kjɯ] | [kjo] |
| シャ | シュ | ショ |
| [ʃa] | [ʃɯ] | [ʃo] |
| チャ | チュ | チョ |
| [tʃa] | [tʃɯ] | [tʃo] |
| ニャ | ニュ | ニョ |
| [ɲa] | [ɲɯ] | [ɲo] |
| ヒャ | ヒュ | ヒョ |
| [ça] | [çɯ] | [ço] |
| ミャ | ミュ | ミョ |
| [mja] | [mjɯ] | [mjo] |
| リャ | リュ | リョ |
| [rja] | [rjɯ] | [rjo] |

| ギャ | ギュ | ギョ |
|---|---|---|
| [gja] | [gjɯ] | [gjo] |
| ジャ | ジュ | ジョ |
| [dʒa] | [dʒɯ] | [dʒo] |
| ヂャ | ヂュ | ヂョ |
| [dʒa] | [dʒɯ] | [dʒo] |
| ビャ | ビュ | ビョ |
| [bja] | [bjɯ] | [bjo] |

| ピャ | ピュ | ピョ |
|---|---|---|
| [pja] | [pjɯ] | [pjo] |

## 3. 가나의 자원(字源)

### (1) 히라가나(ひらがな)

| | | | | | | | | | |
|---|---|---|---|---|---|---|---|---|---|
| あ | 安 | い | 以 | う | 宇 | え | 衣 | お | 於 |
| か | 加 | き | 幾 | く | 久 | け | 計 | こ | 己 |
| さ | 左 | し | 之 | す | 寸 | せ | 世 | そ | 曽 |
| た | 太 | ち | 知 | つ | 川 | て | 天 | と | 止 |
| な | 奈 | に | 仁 | ぬ | 奴 | ね | 祢 | の | 乃 |
| は | 波 | ひ | 比 | ふ | 不 | へ | 部 | ほ | 保 |
| ま | 末 | み | 美 | む | 武 | め | 女 | も | 毛 |
| や | 也 | | | ゆ | 由 | | | よ | 与 |
| ら | 良 | り | 利 | る | 留 | れ | 礼 | ろ | 呂 |
| わ | 和 | ゐ | 為 | | | ゑ | 恵 | を | 遠 |
| ん | 无 | | | | | | | | |

(2) 가타카나(カタカナ)

| ア | 阿 | イ | 伊 | ウ | 宇 | エ | 江 | オ | 於 |
|---|---|---|---|---|---|---|---|---|---|
| カ | 加 | キ | 幾 | ク | 久 | ケ | 介 | コ | 己 |
| サ | 散 | シ | 之 | ス | 須 | セ | 世 | ソ | 曽 |
| タ | 多 | チ | 千 | ツ | 川 | テ | 天 | ト | 止 |
| ナ | 奈 | ニ | 二 | ヌ | 奴 | ネ | 称 | ノ | 乃 |
| ハ | 八 | ヒ | 比 | フ | 不 | ヘ | 部 | ホ | 保 |
| マ | 末 | ミ | 三 | ム | 牟 | メ | 女 | モ | 毛 |
| ヤ | 也 | | | ユ | 由 | | | ヨ | 与 |
| ラ | 良 | リ | 利 | ル | 流 | レ | 礼 | ロ | 呂 |
| ワ | 和 | ヰ | 井 | | | ヱ | 恵 | ヲ | 乎 |
| ン | 尔 | | | | | | | | |

# 02 제 2 과 일본어의 기본 발음

## 1. 청음(清音[せいおん])

청음이란 오십음도(五十音図)에 나오는 음 중에서 맑은 소리를 말한다.

(1) あ행

| あ | い | う | え | お |
|---|---|---|---|---|
| [a] | [i] | [ɯ] | [e] | [o] |

あい 사랑　　いえ 집
うえ 위　　え 그림
おい 조카

(2) か행

| か | き | く | け | こ |
|---|---|---|---|---|
| [ka] | [ki] | [kɯ] | [ke] | [ko] |

かお 얼굴　　きく 국화
くき 줄기　　け 털
こえ 목소리

(3) さ행

| さ | し | す | せ | そ |
|---|---|---|---|---|
| [sa] | [ʃi] | [sɯ] | [se] | [so] |

さけ 술　　　しか 사슴
すし 초밥　　　せき 좌석
そこ 거기

(4) た행

| た | ち | つ | て | と |
|---|---|---|---|---|
| [ta] | [tʃi] | [tsɯ] | [te] | [to] |

たこ 문어　　　ち 피
つき 달(月)　　　て 손
とし 도시

(5) な행

| な | に | ぬ | ね | の |
|---|---|---|---|---|
| [na] | [ni] | [nɯ] | [ne] | [no] |

なな 7(七)　　　にく 고기
いぬ 개　　　ねこ 고양이
のち 뒤, 후

(6) は행

| は | ひ | ふ | へ | ほ |
|---|---|---|---|---|
| [ha] | [çi] | [ɸɯ] | [he] | [ho] |

はな 꽃　　ひと 사람
ふね 배　　へそ 배꼽
ほし 별

(7) ま행

| ま | み | む | め | も |
|---|---|---|---|---|
| [ma] | [mi] | [mɯ] | [me] | [mo] |

まえ 앞　　みみ 귀
むし 벌레　　め 눈(目)
もち 떡

(8) や행

| や | ゆ | よ |
|---|---|---|
| [ja] | [jɯ] | [jo] |

やま 산　　ゆめ 꿈
よこ 옆　　ゆき 눈

(9) ら행

| ら | り | る | れ | ろ |
|---|---|---|---|---|
| [ra] | [ri] | [rɯ] | [re] | [ro] |

らく 편안함　　りす 다람쥐
るす 부재　　れい 예(例)
ろく 6(六)

(10) わ행

| わ | を |
|---|---|
| [wa] | [o] |

わたし 나　　これを 이것을

## 2. 탁음(濁音(だくおん)/유성음)

탁음은「か・さ・た・は」행의 글자 오른쪽 윗부분에 탁점「゛」을 붙여서 표기한다.「が(ga)」·「ざ(za)」·「だ(da)」·「ば(ba)」와 같이 자음 [g · z · d · b]를 포함하는 음으로 성대를 진동시켜서 발음한다.

(1) が행

| が | ぎ | ぐ | げ | ご |
|---|---|---|---|---|
| [ga] | [gi] | [gɯ] | [ge] | [go] |

がか 화가　　ぎむ 의무
ぐたいてき 구체적　　げた 나막신
ごご 오후

(2) ざ행

| ざ | じ | ず | ぜ | ぞ |
|---|---|---|---|---|
| [za] | [dʒi] | [dzɯ] | [ze] | [zo] |

ざせき 좌석
ずつう 두통
ぞう 코끼리
じこ 사고(事故)
ぜひ 꼭

(3) だ행

| だ | (ぢ) | (づ) | で | ど |
|---|---|---|---|---|
| [da] | [dʒi] | [dzɯ] | [de] | [do] |

だれ 누구
つづく 계속되다
どこ 어디
はなぢ 코피
でる 나오다

(4) ば행

| ば | び | ぶ | べ | ぼ |
|---|---|---|---|---|
| [ba] | [bi] | [bɯ] | [be] | [bo] |

ばか 바보
ぶた 돼지
ぼく 나
びくびく 벌벌(겁이 나서 떠는 모양)
べつに 별로

■ 청음-탁음(유성음) 연습

〔A〕かい(貝) — がい(害)　〔B〕あし(足) — あじ(味)
〔C〕てんき(天気) — でんき(電気)　〔D〕いと(糸) — いど(井戸)

## 3. 반탁음(半濁音)

반탁음은「は」행의 글자 오른쪽 윗부분에 반탁점「 ° 」을 붙여 표기하며 자음 [p]를 포함하는 음이다.

ぱ행

| ぱ | ぴ | ぷ | ぺ | ぽ |
|---|---|---|---|---|
| [pa] | [pi] | [pɯ] | [pe] | [po] |

ぱりぱり　팔팔　ぴりぴり　얼얼
ぷりぷり　성난 모양　ぺこぺこ　배가 몹시 고픔
ぽろぽろ　주르르

■ 탁음-반탁음 연습

〔A〕ばん(番) — パン　〔B〕ベンチ — ペンチ
〔C〕ぼんち(盆地) — ポンチ(punch)

## 4. 요음(拗音)

요음은「イ」단의 글자「き・ぎ・し・じ・ち・ぢ・に・ひ・び・ぴ・み・り」의 오른쪽 아래에 반모음「や・ゆ・よ」를 작은 글자로 써서 1박(拍)으로 발음한다.

(1) 요음 - 청음

| きゃ | きゅ | きょ |
|---|---|---|
| [kja] | [kjɯ] | [kjo] |
| しゃ | しゅ | しょ |
| [ʃa] | [ʃɯ] | [ʃo] |
| ちゃ | ちゅ | ちょ |
| [tʃa] | [tʃɯ] | [tʃo] |
| にゃ | にゅ | にょ |
| [nja] | [njɯ] | [njo] |
| ひゃ | ひゅ | ひょ |
| [ça] | [çɯ] | [ço] |
| みゃ | みゅ | みょ |
| [mja] | [mjɯ] | [mjo] |
| りゃ | りゅ | りょ |
| [rja] | [rjɯ] | [rjo] |

① きゃ・きゅ・きょ

きゃく 손님　　きゅう 아홉　　きょり 거리

② しゃ・しゅ・しょ

しゃれ 멋　　しゅみ 취미　　しょくじ 식사

③ ちゃ・ちゅ・ちょ

ちゃ 차(茶)　ちゅうい 주의(注意)　ちょくせつ 직접

④ にゃ・にゅ・にょ

ろうにゃく 노약　にゅうし 입시　にょうぼう 마누라

⑤ ひゃ・ひゅ・ひょ

ひゃく 100　ヒューズ 퓨즈　ひょう 표(表)

⑥ みゃ・みゅ・みょ

みゃく 맥　ミュージカル 뮤지컬　みょうぎ 묘기

⑦ りゃ・りゅ・りょ

りゃくじ 약자(略字)　りゅうがく 유학　りょう 기숙사

(2) 요음 - 탁음

| ぎゃ | ぎゅ | ぎょ |
|---|---|---|
| [gja] | [gjɯ] | [gjo] |
| じゃ | じゅ | じょ |
| [dʒa] | [dʒɯ] | [dʒo] |
| (ぢゃ) | (ぢゅ) | (ぢょ) |
| [dʒa] | [dʒɯ] | [dʒo] |
| びゃ | びゅ | びょ |
| [bja] | [bjɯ] | [bjo] |

① ぎゃ・ぎゅ・ぎょ

ぎゃく 반대　　ぎゅうにゅう 우유　　ぎょせん 어선

② じゃ・じゅ・じょ

じゃま 방해　　じゅく 사설학원　　じょし 여자

③ びゃ・びゅ・びょ

さんびゃく 300　　ビューティー 미(美)　　びょうしゃ 묘사

(3) 요음 - 반탁음

| ぴゃ | ぴゅ | ぴょ |
|---|---|---|
| [pja] | [pjɯ] | [pjo] |

① ぴゃ・ぴゅ・ぴょ

ろっぴゃく 600　　ピューマ 퓨마　　ぴょこぴょこ 가볍게 뛰는 모양

■ 요음 - 직음(直音) 연습

〔A〕きゃく(客) — きやく(規約)
〔B〕じゅう(十) — じゆう(自由)
〔C〕ひゃく(百) — ひやく(飛躍)
〔D〕びょういん(病院) — びよういん(美容院)
〔E〕きょう(今日) — きよう(器用)

# メモ

# 03 제 3 과 일본어의 특수 발음

## 1. 장음(長音(ちょうおん))

히라가나(ひらがな)의 장음은 모음「あ, い, う, え, お」로 표기하며, 가타카나(カタカナ)의 장음은「一」로 표기한다.

(1) 히라가나(ひらがな)

- あ단 뒤 … あ

  おかあさん 어머니　　おばあさん 할머니

- い단 뒤 … い

  おじいさん 할아버지　　おにいさん 오빠

- う단 뒤 … う

  すうがく 수학　　くうき 공기

- え단 뒤 … え, い

  おねえさん 언니　　えいご 영어

- お단 뒤 … お, う

  おおい 많다　　こうこう 고등학교

(2) 가타카나(カタカナ)：「ー」

コーヒー 커피　　　　コンピューター 컴퓨터
ニュース 뉴스　　　　ビール 맥주

■ 장음연습

〔A〕いえ(家) — いいえ
〔B〕ゆき(雪) — ゆうき(勇気)
〔C〕よじ(四時) — ようじ(幼児)
〔D〕おじさん(叔父さん) — おじいさん(お祖父さん)
〔E〕おばさん(叔母さん) — おばあさん(お祖母さん)

## 2. 촉음(促音(そくおん))「っ」

촉음은 「つ」를 작게 써서 표기하며 다음에 오는 음에 따라서 [k], [s], [t], [p]로 발음된다.

(1) [k]：か행 앞에서

まっか 새빨강　　にっき 일기　　そっくり 꼭 닮음
しっけ 습기　　がっこう 학교

(2) [s]：さ행 앞에서

あっさり 깨끗이　　ざっし 잡지　　まっすぐ 똑바로
けっせき 결석　　こっそり 살짝

(3) [t]：た행 앞에서

まったく 전혀　　こっち 이쪽　　くっつく 달라붙다
きって 우표　　ちょっと 잠깐

(4) [p] : ぱ행 앞에서

いっぱい 한 잔　　いっぴき 한 마리　　きっぷ 차표

ほっぺた 볼, 뺨　　すっぽり 푹(몽땅 덮는 모양)

■ 촉음연습

〔A〕いち(一) — いっち(一致)　〔B〕おと(音) — おっと(夫)

〔C〕きて(来て) — きって(切手)　〔D〕かき(柿) — かっき(活気)

〔E〕あさり — あっさり

## 3. 발음(撥音(はつおん))「ん」: はねる音

「ん」은 콧소리로서 다른 글자에 붙어 사용되며 반드시 모음 다음에 온다. 놓인 자리(환경)에 따라 [n], [m], [ŋ], [N] 등으로 발음된다.

(1)「ん」뒤의 음이 さ, ざ, た, だ, な, ら행 일 때 : [n]

けんさ 검사　　ばんざい 만세　　はんたい 반대

もんだい 문제　　おんな 여자　　はんらい 본래

(2)「ん」뒤의 음이 ば, ぱ, ま행 일 때 : [m]

はんばい 판매　　かんぱい 건배　　さんま 꽁치

(3)「ん」뒤의 음이 か, が행 일 때 : [ŋ]

けんか 싸움　　げんき 건강함　　かんこく 한국

まんが 만화　　りんご 사과

(4)「ん」으로 끝날 때 : [N]

かばん 가방　　きん 금　　ぎん 은

たくさん 많이　　ほん 책　　もん 문

■「ん」 발음 연습

〔A〕さま(様) ― さんま　　〔B〕かばん ― かんばん(看板)

〔C〕ひかく(比較) ― ひんかく(品格)

〔D〕きちょう(貴重) ― きんちょう(緊張)

〔E〕たにん(他人) ― たんにん(担任)

**※ 일본어의 악센트**

영어나 독일어가 발음의 강약에 의해서 의미를 구분하는 강약 악센트(stress accent)임에 비해서 일본어는 발음의 상대적인 높낮이에 의해서 의미를 구분하는 고저 악센트(pitch accent)의 체계를 갖추고 있다. 예를 들면「アメ」라는 음을 고저(高低)로「アメ」라고 읽으면 비[雨]라는 뜻이 되며 저고(低高)로「アメ」라고 읽으면 사탕[飴]이라는 뜻이 된다. 또「ハシ」를「ハシ」라고 고저(高低)로 읽으면 젓가락(箸)이라는 뜻이 되며,「ハシ」라고 저고(低高)로 읽으면 다리(橋)라는 뜻이 된다. 따라서 일본어는 음의 고저 배치를 정확히 알고 발음해야 한다.

04

# 제 4 과

# はじめまして。

## 기본문형

1. はじめまして。
2. わたしは 韓国人(かんこくじん)です。

キム　はじめまして。わたしは キムと 申(もう)します。
どうぞ よろしく。

スミス　はじめまして。わたしは スミスと 申します。
どうぞ よろしく。

キム　スミスさんは 会社員(かいしゃいん)ですか。

スミス　はい、そうです。キムさんも 会社員ですか。

キム　いいえ、わたしは 学生(がくせい)です。

スミス　そうですか。何年生(なんねんせい)ですか。

キム　大学(だいがく) 1年生(いちねんせい)です。

■ 새 단어와 발음연습

| | | | |
|---|---|---|---|
| あなた | 당신 | せんせい | 선생님 |
| いちねんせい(1年生) | 1학년 | だいがく(大学) | 대학 |
| かいしゃいん(会社員) | 회사원 | だいがくせい(大学生) | 대학생 |
| がくせい(学生) | 학생 | なんねんせい(何年生) | 몇 학년 |
| かのじょ | 그녀 | にほんじん(日本人) | 일본인 |
| かれ | 그 사람 | わたし(私) | 나, 저 |
| かんこくじん(韓国人) | 한국인 | アメリカじん(アメリカ人) | 미국인 |

■ 발음을 비교해 봅시다.

① かいしゃ(会社) – がいしゃ(外車)
② かんこく(韓国) – かんごく(監獄)

## 문형연습

### 1. 인사말

- ○ おはようございます。
- ○ こんにちは。
- ○ こんばんは。
- ○ おやすみなさい。
- ○ さようなら。
- ○ バイバイ。
- ○ またね。
- ○ じゃね。
- ○ ただいま。
- ○ おかえりなさい。
- ○ いってきます。
- ○ いってらっしゃい。
- ○ いただきます。
- ○ ごちそうさまでした。

### 2. 자기소개

○ わたしは [キム / 木村(きむら) / スミス] と 申します。

- ○ はじめまして。
- ○ わたしは パクと 申します。
- ○ どうぞ、よろしく。

### 3. ～は　～ですか

- ○ キムさんは
| 学生 |
|---|
| 大学生(だいがくせい) |

ですか。

- ○ イさんは　韓国人ですか。
- ○ はい、そうです。
- ○ かれは　日本人(にほんじん)ですか。
- ○ いいえ、そうでは　ありません。

### 4. ～も　～ですか

- ○ あなたも
| 1年生 |
|---|
| 会社員 |

ですか

- ○ かのじょも　先生(せんせい)ですか。
- ○ かれも　アメリカ人(じん)ですか。

## 연습문제

1. 다음 인사말을 일본어로 적으시오.

| | |
|---|---|
| 아침 인사 | |
| 낮 인사 | |
| 저녁 인사 | |
| 처음 만났을 때 | |
| 헤어질 때 | |
| 외출할 때 | |
| 귀가할 때 | |
| 귀가하는 사람을 맞이할 때 | |
| 밤에 잘 때 | |
| 식사를 시작할 때 | |
| 식사를 마쳤을 때 | |

2. 다음 한국어를 일본어로 적으시오.

(1) 처음 뵙겠습니다.

(2) 저는 스미스라고 합니다. 잘 부탁합니다.

(3) 그 사람은 회사원입니까?

(4) 기무라 씨도 학생이 아닙니다.

(5) 그녀는 일본인입니까?

05

# 제 5 과

# あの 人は だれですか。

## 기본문형

1. あの 人(ひと)は だれですか。
2. これは だれの かばんですか。

木村　キムさんの かばんは どれですか。

キム　これです。

木村　じゃ、これは だれの かばんですか。

キム　それは パクさんの かばんです。

木村　この ケータイは だれのですか。

キム　ともだちのです。

木村　そうですか。あの 女(おんな)の学生は だれですか。

キム　スミスさんです。

木村　かのじょは 留学生(りゅうがくせい)ですか。

キム　はい、そうです。アメリカ人の 留学生です。

■ 새 단어와 발음연습

| | | | |
|---|---|---|---|
| いす | 의자 | ひと(人) | 사람 |
| えんぴつ | 연필 | ぼうし | 모자 |
| おんな(女) | 여자 | ほん(本) | 책 |
| かさ(傘) | 우산 | まど(窓) | 창문 |
| かばん | 가방 | めがね | 안경 |
| かんこくご(韓国語) | 한국어 | りゅうがくせい(留学生) | 유학생 |
| ざっし | 잡지 | ケータイ | 휴대폰 |
| じしょ | 사전 | シャーペン | 샤프펜슬 |
| だれ | 누구 | スマホ | 스마트폰 |
| つくえ | 책상 | ドア | 문 |
| とけい | 시계 | ノート | 노트 |
| ともだち(友だち) | 친구 | ボールペン | 볼펜 |
| にほんご(日本語) | 일본어 | | |

■ 발음을 비교해 봅시다.

① 先生、じかん(時間)です。

② 先生、ちかん(痴漢)です。

## 문형연습

1. それは 何(なん)ですか。 これは [かばん / えんぴつ] です。

○ これは とけいです。

○ これは 日本語(にほんご)の 本(ほん)です。

○ これは 韓国語(かんこくご)の 本です。

○ これは 韓国(かんこく)の キムチです。

2. あなたの [スマホ / ケータイ] は どれですか。

○ 先生の めがねは どれですか。

○ あなたの ぼうしは どれですか。

3. これ / それ / あれ は じしょですか、 ざっしですか。

- ○ あれは 窓(まど)ですか、ドアですか。
- ○ それは つくえですか、いすですか。
- ○ これは えんぴつですか、シャーペンですか。

4. この / その / あの かばんは だれのですか。

- ○ その 本は だれのですか。
- ○ この ケータイは だれのですか。
- ○ あの ボールペンは だれのですか。

5. この ノートは キムさん / ともだち のです。

- ○ あの 本は キムさんのです。
- ○ その かさは 木村さんのです。
- ○ この えんぴつは わたしのです。

## 연습문제

1. (예) A: これは なんですか。
B: それは ぼうしです。

(1) A: これは なんですか。
B: それは ＿＿＿＿＿＿ です。

(2) A: これは なんですか。
B: それは ＿＿＿＿＿＿ です。

(3) A: これは なんですか。
B: それは ＿＿＿＿＿＿ です。

(4) A: それは なんですか。
B: これは ＿＿＿＿＿＿ です。

(5) A: それは なんですか。
B: これは ＿＿＿＿＿＿ です。

| 예) | (1) | (2) |
|---|---|---|
|   | 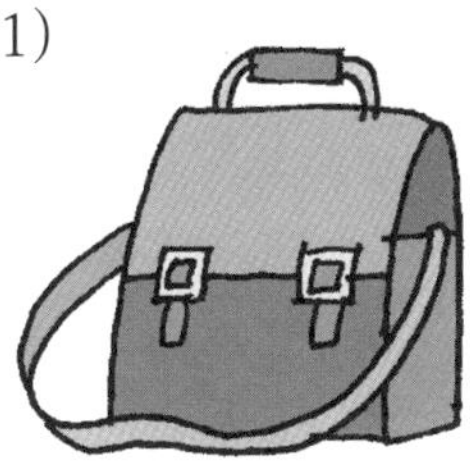 |   |
| (3) | (4) | (5) |
|  |  |   |

2. (예) A: それは　なんですか。

B: これは　じしょです。

(1) A: あれは　なんですか。

B: あれは ________________ 。

(2) A: それは　じしょですか。

B: はい、 ________________ 。

(3) A: これは　じしょですか。

B: いいえ、それは ____________ 。

(4) A: あれは　までですか。

B: はい、＿＿＿＿＿＿＿＿＿＿＿＿＿＿。

(5) A: それは ノートですか。

B: いいえ、これは ＿＿＿＿＿＿＿＿＿＿。

A

B

3. 다음 한국어를 일본어로 적으시오.

(1) 이것은 시계입니다.

(2) 이것은 일본어 책입니다.

(3) 당신의 모자는 어느 것입니까?

(4) 이 가방은 누구의 것입니까?

(5) 내 친구의 것입니다.

06

# 제 6 과

# 韓国の 冬は さむいですか。

## 기본문형

1. 北海道(ほっかいどう)は 雪(ゆき)が おおいです。
2. きょうは さむく ありません。

木村　韓国の 冬(ふゆ)は さむいですか。

キム　はい、さむくて ながいです。日本の 冬は どうですか。

木村　南(みなみ)の ほうは あたたかいですが、北(きた)の ほうは とても さむいです。

キム　雪も 多(おお)いですか。

木村　東京(とうきょう)は おおく ありませんが、北海道は 雪が 多いですよ。札幌(さっぽろ)の 雪まつりは とても たのしいです。

キム　では、日本の 夏(なつ)は どうですか。

木村　南の ほうは あつくて 雨(あめ)も おおいです。

キム　木村さんは 冬と 夏と どちらが いいですか。

木村　そうですね。冬より 夏の ほうが いいですね。

■ 새 단어와 발음연습

| | | | |
|---|---|---|---|
| あお(青) | 파랑 | たかい(高い) | 높다, 비싸다 |
| あか(赤) | 빨강 | たのしい(楽しい) | 즐겁다 |
| あかい(赤い) | 빨갛다 | ちかい(近い) | 가깝다 |
| あかるい | 밝다 | ちかてつ(地下鉄) | 지하철 |
| あき(秋) | 가을 | ちゅうごく(中国) | 중국 |
| あたたかい | 따뜻하다 | つよい(強い) | 강하다 |
| あつい(暑い) | 덥다 | でんしゃ(電車) | 전차 |
| あめ(雨) | 비 | とおい(遠い) | 멀다 |
| いい | 좋다 | ながい(長い) | 길다 |
| えいご(英語) | 영어 | なつ(夏) | 여름 |
| おいしい | 맛있다 | はやい(速い) | 빠르다 |

| | | | |
|---|---|---|---|
| おおい(多い) | 많다 | はる(春) | 봄 |
| おおきい(大きい) | 크다 | ひろい(広い) | 넓다 |
| おもい(重い) | 무겁다 | ふゆ(冬) | 겨울 |
| おもしろい | 재미있다 | へや(部屋) | 방 |
| からい(辛い) | 맵다 | べんきょう(勉強) | 공부 |
| かるい(軽い) | 가볍다 | みなみ(南) | 남, 남쪽 |
| きいろい | 노랗다 | むずかしい | 어렵다 |
| きた(北) | 북, 북쪽 | やさしい | 상냥하다, 쉽다 |
| さむい(寒い) | 춥다 | ゆき(雪) | 눈 |
| しんかんせん(新幹線) | 신칸센 | ゆきまつり(雪まつり) | 눈축제 |
| すずしい | 시원하다 | タクシー | 택시 |

■ 발음을 비교해 봅시다.

① きょうは し(詩)を よむ ひ(日)です。
② しろい(白い) へやが ひろい(広い)です。

## 문형연습

1. 冬は [長(なが)い / 寒(さむ)い] です。

- 夏は 暑(あつ)いです。
- 秋(あき)は すずしいです。
- 春(はる)は あたたかいです。

2. [かる / おも] いです。 ⇨ [かる / おも] く ありません/ないです。

- きょうは 寒く ありません/ないです。
- 英語は やさしく ありません/ないです。
- わたしの へやは 広(ひろ)く ありません/ないです。
- わたしの 大学は 大(おお)きく ありません/ないです。

3. 木村さんは [あかる / やさし] くて、 [やさしい / あかるい] です。

- 韓国と 日本は とおくて、 ちかい 国(くに)です。
- キムさんの ぼうしは あかくて、 きいろいです。

4. この | ケーキ / キムチ | は おいしいですが、 | 高(たか)い / 辛(から)い | です。

- ○ 韓国語は おもしろい(です)が、むずかしいです。
- ○ この ぼうしは いい(です)が、あの ぼうしは よく ないです。
- ○ 日本語の べんきょうは むずかしい(です)が、おもしろいです。

5. | ～と ～と | どちらが | いい / 速(はや)い | ですか。

- ○ 冬と 夏と どちらが いいですか。
- ○ 赤(あか)と 青(あお)と どちらが いいですか。
- ○ タクシーと 地下鉄(ちかてつ)と どちらが 速いですか。

6. | ～より ～の ほう | が | 重(おも)い / 多い | です。

- ○ 電車(でんしゃ)より 新幹線(しんかんせん)の ほうが 速いです。
- ○ アメリカより 中国(ちゅうごく)の ほうが 広(ひろ)いです。

## 연습문제

1. (예) A: あなたの ぼうしは 赤いですか。
   B: いいえ、 赤く ありません。

(1) A: あなたの へやは 広いですか。
B: いいえ、 ______________________ 。

(2) A: その かばんは 重いですか。
B: いいえ、 ______________________ 。

(3) A: 日本の 冬は あたたかいですか。
B: いいえ、 ______________________ 。

(4) A: あなたの ケータイは 高いですか。
B: いいえ、 ______________________ 。

(5) A: 韓国の 春は 長いですか。
B: いいえ、 ______________________ 。

2. (예) A: 韓国の 冬は 寒いですか。 (長い)

B: はい、 寒くて 長いです。

(1) A: キムさんの へやは 広いですか。 (あかるい)

B: はい、 ________________ 。

(2) A: キムチは 辛いですか。 (おいしい)

B: はい、 ________________ 。

(3) A: かれは やさしいですか。 (あかるい)

B: はい、 ________________ 。

(4) A: 日本語は やさしいですか。 (おもしろい)

B: はい、 ________________ 。

(5) A: その じしょは 高いですか。 (重い)

B: はい、 ________________ 。

3. (예) A: その キムチは おいしいですか。 (からい)

B: はい、 おいしいですが、 からいです。

(1) A: 日本語は おもしろいですか。 (むずかしい)

B: はい、 ________________ 。

(2) A: パクさんの かばんは 大きいですか。（かるい）

B: はい、＿＿＿＿＿＿＿＿＿＿＿＿＿＿＿＿＿＿。

(3) A: きむらさんの ケータイは かるいですか。（高い）

B: はい、＿＿＿＿＿＿＿＿＿＿＿＿＿＿＿＿＿＿。

(4) A: 韓国語は むずかしいですか。（おもしろい）

B: はい、＿＿＿＿＿＿＿＿＿＿＿＿＿＿＿＿＿＿。

(5) A: この ケーキは おいしいですか。（高い）

B: はい、＿＿＿＿＿＿＿＿＿＿＿＿＿＿＿＿＿＿。

4. (예) A: 電車と 新幹線と どちらが 速いですか。

B: 新幹線の ほうが 速いです。

(1) A: アメリカと 中国と どちらが ひろいですか。

B: ＿＿＿＿＿＿＿＿＿＿＿＿＿＿＿＿＿＿＿＿＿＿。

(2) A: 韓国語と 日本語と どちらが むずかしいですか。

B: ＿＿＿＿＿＿＿＿＿＿＿＿＿＿＿＿＿＿＿＿＿＿。

(3) A: かばんと ぼうしと どちらが かるいですか。

B: ＿＿＿＿＿＿＿＿＿＿＿＿＿＿＿＿＿＿＿＿＿＿。

(4) A: 北と 南と どちらが あたたかいですか。

B: ________________________________________ 。

(5) A: 東京と 札幌と どちらが 寒いですか。

B: ________________________________________ 。

5. 다음 한국어를 일본어로 적으시오.

(1) 이 책은 재미있지 않습니다.

(2) 나의 방은 깨끗하고 조용합니다.

(3) 이 케이크는 맛있지만 비쌉니다.

(4) 여름과 겨울과 어느 쪽이 좋습니까?

(5) 신칸센보다 비행기가 빠릅니다.

# メモ

07

# 제 7 과

# しずかな 町です。

## 기본문형

1. 京都は しずかな 町(まち)です。
2. かれは しんせつで、あかるい 人です。

| | |
|---|---|
| 木村 | パクさんは キムさんの 友だちですか。 |
| キム | いいえ、わたしの せんぱいです。 |
| 木村 | そうですか。かれは とても しんせつで、まじめな 学生ですね。 |
| キム | そうですね。わたしと 同じ 慶州(キョンジュ) 出身(しゅっしん)ですが、とても いい 人です。 |
| 木村 | 慶州は にぎやかな 町ですか。 |
| キム | いいえ、しずかで、古(ふる)い 町です。有名(ゆうめい)な 観光地(かんこうち)ですよ。 |
| 木村 | 大邱(テグ)から 遠(とお)いですか。 |
| キム | いいえ、あまり 遠く ありません。近いですよ。 |
| 木村 | 交通(こうつう)は どうですか。 |
| キム | とても 便利(べんり)です。 |

■ 새 단어와 발음연습

| | | | |
|---|---|---|---|
| おなじだ(同じだ) | 같다, 동일하다 | たべもの | 음식물, 먹을 것 |
| かんこうち(観光地) | 관광지 | にぎやかだ | 번화하다 |
| きらいだ | 싫어하다 | はな(花) | 꽃 |
| きれいだ | 예쁘다, 깨끗하다 | ひまだ(暇だ) | 한가하다 |
| げんきだ(元気だ) | 건강하다 | ふるい(古い) | 오래되다, 낡다 |
| こうつう(交通) | 교통 | べんりだ(便利だ) | 편리하다 |
| しずかだ | 조용하다 | まじめだ | 성실하다 |
| じょうずだ(上手だ) | 잘하다 | まち(町) | 동네, 거리 |
| しんせつだ(親切だ) | 친절하다 | ゆうめいだ(有名だ) | 유명하다 |
| すきだ(好きだ) | 좋아하다 | りっぱだ | 훌륭하다 |
| せんぱい | 선배 | スポーツ | 스포츠 |

■ 발음을 비교해 봅시다.

① ここは ごご(午後)が ながいです。
② きん(金)メダルでも ぎん(銀)メダルでも いいです。

## 문형연습

1. かれは [ましめ / しんせつ] です。

○ この 花(はな)は きれいです。
○ 交通は とても 便利です
○ かれは スポーツが 上手(じょうず)です。

2. あまり [便利 / にぎやか] では ありません。

○ あまり 上手では ありません。
○ あまり しずかでは ありません。

3. パクさんは [まじめ / りっぱ] な 学生です。

○ これは きれいな 花ですね。

- 京都は しずかな 町です。
- かれは 元気(げんき)な 学生です。

4. かのじょは [しずか / きれい] で、[明(あか)るい / やさしい] 人です。

- 京都は しずかで、古い 町です。
- 釜山(プサン)は にぎやかで、大きい 町です。
- キム先生は しんせつで、やさしい 方(かた)です。

5. [すき / きらい] な [たべもの / スポーツ] は 何ですか。

- すきな 花は 何ですか。
- 暇(ひま)な ときは いつですか。
- きらいな たべものは 何ですか。

6. ～が [すき / きらい] です。

- 私は キムチが すきです。
- スミスさんは スポーツが きらいです。

## 연습문제

1. (예) キムさんは　まじめです。
→ キムさんは　まじめな　学生です。

(1) 木村さんは　しんせつです。
→ 木村さんは ________________ 人です。

(2) かれは　元気です。
→ かれは ________________ 学生です。

(3) 木村さんは　りっぱです。
→ 木村さんは ________________ 人です。

(4) 京都は　きれいです。
→ 京都は ________________ まちです。

(5) ここは　にぎやかです。
→ ここは ________________ まちです。

2. (예) キムさんは　スポーツが　すきです。
→ スポーツが　すきな　人は　だれですか。

(1) 日本語が　上手です。

→ ____________________ 人は　だれですか。

(2) スポーツが　きらいです。

→ ____________________ 人は　だれですか。

(3) キムチが　苦手です。

→ ____________________ 人は　だれですか。

(4) 日本の　たべものが　すきです。

→ ____________________ 人は　だれですか。

3. (예) A: 京都は　にぎやかですか。
B: いいえ、　あまり　にぎやかでは　ありません。

(1) A: 交通は　便利ですか。

B: いいえ、あまり ______________________________ 。

(2) A: その　へやは　しずかですか。

B: いいえ、あまり ______________________________ 。

(3) A: かれは まじめですか。

B: いいえ、あまり ________________________ 。

(4) A: スポーツは すきですか。

B: いいえ、あまり ________________________ 。

(5) A: 日本語の べんきょうは きらいですか。

B: いいえ、あまり ________________________ 。

4. (예) 木村さんは きれいです。 木村さんは いい ひとです。

→木村さんは きれいで、 いい ひとです。

(1) キムさんは まじめです。キムさんは やさしい ひとです。

→ キムさんは ________________________ 。

(2) かれは しんせつです。かれは あかるい 人です。

→ かれは ________________________ 。

(3) この へやは しずかです。 この へやは 広いです。

→ この へやは ________________________ 。

(4) 木村さんは りっぱです。木村さんは 背が 高いです。

→ 木村さんは ______________________________ 。

(5) 交通は 便利です。 大邱から 近いです。

→ 交通は ______________________________ 。

5. 다음 한국어를 일본어로 적으시오.

(1) 그 방은 넓고 깨끗합니다.

(2) 교토(京都)는 조용하고 오래된 도시입니다.

(3) 그는 착실하고 밝은 학생입니다.

(4) 다나카씨는 친절하고 훌륭한 사람입니다.

(5) 교통은 그다지 편리하지 않습니다.

08

# 제 8 과

# 彼女は 寮に います。

**기본문형**

1. 彼女(かのじょ)は 寮(りょう)に います。
2. 部屋(へや)の 中(なか)に なにが ありますか。

木村　部屋の 中に だれが いますか。

キム　山田(やまだ)さんが います。

木村　パクさんは どこに いますか。

キム　彼女は いま 寮に います。

木村　キムさんと パクさんは クラスメートですね。

キム　そうです。

木村　寮の 部屋は 広いですか。

キム　いいえ、あまり 広く ありません。狭(せま)いです。

木村　部屋の 中に テレビは ありますか。

キム　いいえ、つくえや ベッドは ありますが、テレビは ありません。

木村　つくえと いすは いくつ ありますか。

キム　2個(にこ)ずつ あります。

木村　ほかに 何が ありますか。

キム　ほんだなや 置(お)き時計(どけい)などが あります。

■ 새 단어와 발음연습

いけ(池) 연못
おきどけい(置き時計) 탁상시계
おんなのこ(女の子) 여자아이
かえる 개구리
き(木) 나무
きょうしつ(教室) 교실
ぎんこう(銀行) 은행
けしゴム 지우개
こいぬ(子犬) 강아지
こうばん(交番) 파출소
こども 어린이
しょくどう(食堂) 식당
じてんしゃ(自転車) 자전거
たたみ 다다미
としょかん(図書館) 도서관
ねこ 고양이

ほんだな 책장, 책꽂이
ほんや(本屋) 서점
むし(虫) 벌레
ゆうびんきょく(郵便局) 우체국
りょう(療) 기숙사
カメラ 카메라
キャンパス 캠퍼스
クラスメート 급우
スーパー 슈퍼
テーブル 테이블
テレビ 텔레비전
トイレ 화장실
パソコン 개인용 컴퓨터
ベッド 침대
レストラン 레스토랑

■ 발음을 비교해 봅시다.

① りょう(寮)を りよう(利用)します。

② びょういん(病院)の なかに びよういん(美容院)も あります。

## 문형연습

1. つくえの [下 / 前 / 上 / 後ろ] に [ノート / けしゴム / パソコン / いす] が あります。

○ 郵便局の 右側に 図書館が あります。

○ キャンパスの 中に 木が たくさん あります。

○ スーパーの 左側に 食堂や 本屋などが あります。

○ 銀行と 交番の あいだに レストランが あります。

2. [ねこ / こども] が います。

○ たたみの 上に 虫が います。

○ 池の 中に かえるが います。

○ あなたの 後ろに 子犬が います。

3. 【虫 / 犬】は いません。

○ 寮に 女の子は いません。
○ 教室の 中に だれも いません。
○ 部屋の 中に ペットは いません。

4. ケータイは 【ここ / そこ / あそこ】に あります。

○ 交番は どこに ありますか。
○ 教室の 中に 何が ありますか。
○ キムさんの 自転車は どこに ありますか。

5. 部屋の 中に 【テレビ / ベッド】は ありません。

○ 部屋の 中に カメラは ありません。
○ 郵便局の 中に トイレは ありません。
○ つくえの 上に ほんだなは ありません。

## 연습문제

1. (예) つくえの <u>うえに</u> ほんが <u>あります</u>。

(1) へやの ＿＿＿＿＿ に ベッドが ＿＿＿＿＿＿＿ 。

(2) テレビの ＿＿＿＿＿ に こどもが ＿＿＿＿＿＿＿ 。

(3) いすの ＿＿＿＿＿ に ねこが ＿＿＿＿＿＿＿ 。

(4) つくえの ＿＿＿＿＿ に テレビが ＿＿＿＿＿＿＿ 。

(5) いすの ＿＿＿＿＿ に いぬが ＿＿＿＿＿＿＿ 。

예)

(1)

(2)

(3)

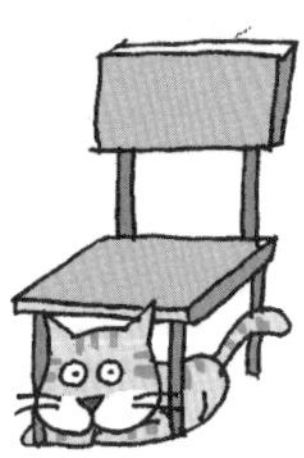

(4)

(5)

2. (예) A: テーブルの したに なにが いますか。

B: ねこが います。

(1) A: ほんの うえに なにが ありますか。

B: ________________________________。

(2) A: テーブルの うえに なにが ありますか。

B: ________________________________。

(3) A: テーブルの したに なにが いますか。

B: ________________________________。

(4) A: ノートの うえに なにが ありますか。

B: ________________________________。

(5) A: かばんの まえに なにが ありますか。

B: ________________________________。

| 예) | (1) | (2) |
|---|---|---|
|  |   |  |
| **(3)** | **(4)** | **(5)** |
|  |   |   |

3. (예) A: レストランは どこに ありますか。

B: ゆうびんきょくの 前に あります。

(1) A: ほんやの みぎがわに なにが ありますか。

B: ________________________________。

(2) A: ぎんこうの ひだりがわに なにが ありますか。

B: ________________________________。

(3) A: ゆうびんきょくの みぎがわに なにが ありますか。

B: ________________________________。

(4) A: ほんやは どこに ありますか。

B: ________________________________。

(5) A: ほんやの ひだりがわに なにが ありますか。

B: ________________________________。

4. 다음 한국어를 일본어로 적으시오.

(1) 책상 밑에 고양이가 있습니다.

(2) 스미스 씨는 지금 기숙사에 있습니다.

(3) 캠퍼스 안에 식당이 있습니까?

(4) 저 레스토랑 뒤에 도서관이 있습니다.

(5) 은행은 서점과 우체국 사이에 있습니다.

# はるが　きた

♩=116~126　　　　高野辰之 作詞/岡野貞一 作曲

# メモ

09

# 제 9 과

## テストは すいようびからです。

**기본문형**

1. きょうは なんようびですか。
2. はこの 中に なしが いくつ ありますか。

木村　キムさん、テストは いつからですか。

キム　らいしゅうの すいようびから きんようびまでです。

木村　すいようびは なんにちですか。

キム　5月(ごがつ) 3日(みっか)です。

木村　テストは いくつ ありますか。

キム　8つ(やっ) あります。

木村　たくさん ありますね。

キム　あさっては 3つ(みっ)も ありますよ。

木村　それは たいへんですね。

キム　木村さんは どうですか。

木村　わたしは 5つ(いつ) あります。

キム　いいですね。うらやましいです。

■ 새 단어와 발음연습

| | | | |
|---|---|---|---|
| うらやましい | 부럽다 | はこ | 상자 |
| すいか | 수박 | もも | 복숭아 |
| たいへんだ | 큰일이다, 힘들다 | やすみ | 휴가, 휴일, 쉬는 시간 |
| たくさん | 많이 | りんご | 사과 |
| たまご | 계란 | テスト | 테스트 |
| なし | 배 | トマト | 토마토 |

■ 발음을 비교해 봅시다.

① ベンチに ペンチが あります。

② ベッドの うえに ペットが います。

## 문형연습

### 1. 개수

| ひとつ | ふたつ | みっつ | よっつ | いつつ | |
|---|---|---|---|---|---|
| むっつ | ななつ | やっつ | ここのつ | とお | いくつ |

### 2. 요일

| にちようび<br>日曜日 | げつようび<br>月曜日 | かようび<br>火曜日 | すいようび<br>水曜日 |
|---|---|---|---|
| もくようび<br>木曜日 | きんようび<br>金曜日 | どようび<br>土曜日 | なんようび<br>何曜日 |

### 3. 날짜

| ついたち<br>1日 | ふつか<br>2日 | みっか<br>3日 | よっか<br>4日 | いつか<br>5日 |
|---|---|---|---|---|
| むいか<br>6日 | なのか<br>7日 | ようか<br>8日 | ここのか<br>9日 | とおか<br>10日 |
| はつか<br>20日 | なんにち<br>何日 | | | |

4. 어제, 오늘, 내일…

| おととい<br>一昨日 | きのう<br>昨日 | きょう<br>今日 | あした<br>明日 | あさって<br>明後日 |
|---|---|---|---|---|
| せんせんしゅう<br>先々週 | せんしゅう<br>先週 | こんしゅう<br>今週 | らいしゅう<br>来週 | さらいしゅう<br>再来週 |

5. [トマト / たまご / すいか] は いくつ ありますか。 [よっつ / いつつ / ここのつ] あります。

○ ももは 全部(ぜんぶ)で みっつ あります。

○ はこの 中に りんごが ふたつ あります。

6. やすみは [いつ] から [いつ] までですか。

[みっか / かようび] から [なのか / もくようび] までです。

○ きのうから あさってまでです。

○ にちようびから げつようびまでです。

## 연습문제

1. (예) A: ももは　いくつ　ありますか。
B: <u>みっつ</u>　あります。

(1) A: なしは いくつ ありますか。
B: ＿＿＿＿＿＿＿＿ あります。

(2) A: たまごは いくつ ありますか。
B: ＿＿＿＿＿＿＿＿ あります。

(3) A: すいかは いくつ ありますか。
B: ＿＿＿＿＿＿＿＿ あります。

(4) A: りんごは いくつ ありますか。
B: ＿＿＿＿＿＿＿＿ あります。

(5) A: トマトは いくつ ありますか。
B: ＿＿＿＿＿＿＿＿ あります。

| 예) | (1) | (2) |
|---|---|---|
|  |  | 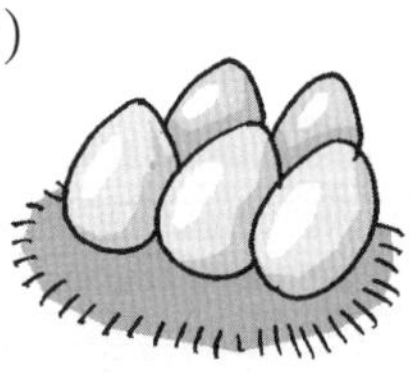 |

(3)

(4)

(5)

2. (예) A: きょうは　なんにちですか。

B: みっかです。

| 日 | 月 | 火 | 水 | 木 | 金 | 土 |
|---|---|---|---|---|---|---|
| | | | | 1 | 2 | 3 |
| 4 | 5 | 6 | 7 | 8 | 9 | 10 |
| 11 | 12 | 13 | 14 | 15 | 16 | 17 |
| 18 | 19 | 20 | 21 | 22 | 23 | 24 |
| 25 | 26 | 27 | 28 | 29 | 30 | |

(1) A: きょうは なんようびですか。

B: ______________________ です。

(2) A: あしたは なんにちですか。

B: ______________________ です。

(3) A: 14日は なんようびですか。

B: ______________________ です。

(4) A: らいしゅうの かようびは なんにちですか。

B: ________________________ です。

(5) A: 20日は なんようびですか。

B: ________________________ です。

3. 다음 한국어를 일본어로 적으시오.

(1) 상자 안에 사과가 전부 몇 개 있습니까?

(2) 오늘은 무슨 요일입니까?

(3) 계란은 전부 몇 개입니까?

(4) 다음 주 월요일은 며칠입니까?

(5) 20일은 화요일입니다.

# メモ

10

# 제 10 과

# 電車の 中で 本を 読みます。

## 기본문형

1. バスで 行(い)きます。
2. 音楽(おんがく)を 聞(き)きながら 本を 読(よ)みます。

キム　木村さんは 毎朝(まいあさ) 何時(なんじ)に 起(お)きますか。

木村　だいたい 6時(じ)ごろです。

キム　木村さんは 朝型(あさがた)ですか。

木村　そうですね。早寝早起(はやねはやお)きの ほうが 楽(らく)です。
キムさんは どうですか。

キム　私は 7時半(はん)に 起きます。
私の 家は 学校から 近いです。それで 7時半でも
大丈夫です。

木村　いいですね。学校に 何(なに)で 行きますか。

キム　だいたい 電車です。木村さんは？

木村　私も 電車で 行きます。
電車の 中で 音楽を 聞きながら 本を 読みます。

■ 새 단어와 발음연습

| | | | |
|---|---|---|---|
| あさがた(朝型) | 아침형 | ごご(午後) | 오후 |
| あるく(歩く) | 걷다 | ごぜん(午前) | 오전 |
| うち(家) | 집 | じゅぎょう(授業) | 수업 |
| うんてんする(運転する) | 운전하다 | じんせい(人生) | 인생 |
| うんどうじょう(運動場) | 운동장 | だいじょうぶだ(大丈夫だ) | 괜찮다 |
| えいが(映画) | 영화 | てがみ(手紙) | 편지 |
| おきる(起きる) | 일어나다 | ねる(寝る) | 자다 |
| おしゃべり | 수다, 잡담 | のむ(飲む) | 마시다 |
| おちゃ(茶) | 차 | はいる(入る) | 들어가다, 들어오다 |
| おふろ(お風呂) | 목욕, 욕실 | はしる(走る) | 달리다 |
| おんがく(音楽) | 음악 | はなす(話す) | 말하다, 이야기하다 |
| かいもの(買い物) | 쇼핑 | はやね はやおき(早寝 早起き) | 일찍자고 일찍일어남 |
| かえる(帰る) | 돌아가다 | まいあさ(毎朝) | 매일 아침 |

| | | | |
|---|---|---|---|
| かく(書く) | 쓰다 | みる(見る) | 보다 |
| かんがえる(考える) | 생각하다 | よむ(読む) | 읽다 |
| きく(聞く) | 듣다 | らくだ(楽だ) | 편하다 |
| きもの(着物) | 일본 옷, 기모노 | ジョギング | 조깅 |
| きる(切る) | 자르다 | バス | 버스 |
| きる(着る) | 입다 | | |

■ 발음을 비교해 봅시다.

① きのうは がいしょく(外食)を しました。
② きのうは かいしょく(会食)を しました。

## 문형연습

### 1. 시(時)

| いちじ<br>1時 | にじ<br>2時 | さんじ<br>3時 | よじ<br>4時 | ごじ<br>5時 |
|---|---|---|---|---|
| ろくじ<br>6時 | しちじ<br>7時 | はちじ<br>8時 | くじ<br>9時 | じゅうじ<br>10時 |
| じゅういちじ<br>11時 | じゅうにじ<br>12時 | なんじ<br>何時 | | |

○ テストは　9時からです。

○ 授業(じゅぎょう)は　午前(ごぜん)　9時から　午後(ごご)　4時までです。

### 2. 분(分)

| いっぷん<br>1分 | にふん<br>2分 | さんぷん<br>3分 | よんぷん<br>4分 |
|---|---|---|---|
| ごふん<br>5分 | ろっぷん<br>6分 | ななふん<br>7分 | はっぷん<br>8分 |
| きゅうふん<br>9分 | じゅっぷん/じっぷん<br>10分 | じゅうごふん<br>15分 | にじゅっぷん<br>20分 |
| さんじゅっぷん/はん<br>30分/半 | よんじゅっぷん<br>40分 | ごじゅっぷん<br>50分 | なんぷん<br>何分 |

○ 9時　10分前(まえ)です。

○ 今(いま)　午後　3時　50分です。

## 3. ～ます (～습니다 : 정중체)

| 1그룹 | 2그룹 | 3그룹 |
|---|---|---|
| 어미(끝자)를「い」단으로 + ます | 어간+ます | する→します<br>来(く)る→来(き)ます |

### (1) 1그룹 동사

| 書(か)く<br>飲(の)む<br>話(はな)す | ⇨ | 書き<br>飲み<br>話し | ます。 |
|---|---|---|---|

○ 手紙(てがみ)を 書きます。

○ お茶(ちゃ)を 飲みます。

○ 友だちと 話します。

※ 예외 : 帰(かえ)る、 走(はし)る、 入(はい)る、 切(き)る 등

○ 家(うち)に 帰ります。

○ 運動場(うんどうじょう)を 走ります。

○ お風呂(ふろ)に 入ります。

### (2) 2그룹 동사

| 寝(ね)る<br>起(お)きる<br>開(あ)ける | ⇨ | 寝<br>起き<br>開け | ます。 |
|---|---|---|---|

○ 12時に 寝ます。
○ 着物(きもの)を 着ます。
○ 窓を 開けます。

(3) 3그룹 동사

| する<br>来(く)る | ⇨ | し<br>来(き) | ます。 |
|---|---|---|---|

○ 買(か)い物(もの)を します。
○ 毎朝 ジョギングを します。
○ あした 木村さんも 来ますか。

4. ます형＋ながら (～하면서)

| する<br>聞(き)く<br>考(かんが)える | ⇨ | し<br>聞き<br>考え | ながら |
|---|---|---|---|

○ 音楽を 聞きながら 本を 読みます。
○ おしゃべりを しながら 運転(うんてん)します。
○ 人生(じんせい)を 考えながら キャンパスを 歩(ある)きます。

## 5. 탈 것+で (교통수단)

| |
|---|
| 車(くるま) |
| 電車 |
| バス |

で 学校に 行きます。

○ 自転車(じてんしゃ)で 学校に 行きます。
○ 飛行機(ひこうき)で 日本に 行きます。
○ タクシーで 会社に 行きます。

## 연습문제

1. (예) A: いま 何時ですか。
   B: じゅうにじです。

(1) A: キムさんは 何時に 起きますか。
B: ＿＿＿＿＿＿＿＿ に 起きます。

(2) A: パクさんは 何時に 寝ますか。
B: ＿＿＿＿＿＿＿＿ に 寝ます。

(3) A: キムさんは 何時に 学校へ 行きますか。
B: ＿＿＿＿＿＿＿＿ に 行きます。

(4) A: キムさんは 何時に 来ますか。

B: ＿＿＿＿＿＿＿＿＿＿ に 来ます。

(5) A: 何時に 帰りますか。

B: ＿＿＿＿＿＿＿＿＿＿ に 帰ります。

| 예) | (1) | (2) |
|---|---|---|
|  |  |  |
| (3) | (4) | (5) |
|  |  |  |

2. (예) 音楽を 聞く。

→ 音楽を 聞きます。

(1) 本を 読む。

→ ＿＿＿＿＿＿＿＿＿＿＿＿＿＿ 。

(2) ともだちと 話す。

→ ______________________________ 。

(3) キャンパスを 歩く。

→ ______________________________ 。

(4) 映画を 見る。

→ ______________________________ 。

(5) りんごを 食べる。

→ ______________________________ 。

(6) キムさんも 来る。

→ ______________________________ 。

(7) 毎朝 ジョギングを する。

→ ______________________________ 。

(8) お茶を 飲む。

→ ______________________________ 。

(9) 毎朝 7時に 起きる。

→ ______________________________ 。

(10) 11時に 寝る。

→ ______________________________ 。

3. (예) A: 何で 学校に 行きますか。

B: バスで 行きます。

(1) A: 何で 家に 帰りますか。

B: ＿＿＿＿＿＿＿＿＿ で 帰ります。

(2) A: 何で 銀行に 行きますか。

B: ＿＿＿＿＿＿＿＿＿ で 行きます。

(3) A: 何で 会社に 行きますか。

B: ＿＿＿＿＿＿＿＿＿ で 行きます。

(4) A: 何で 学校に 来ますか。

B: ＿＿＿＿＿＿＿＿＿ で 来ます。

(5) A: 何で 日本に 行きますか。

B: ＿＿＿＿＿＿＿＿＿ で 行きます。

4. (예) ごはんを 食べる。 テレビを 見る。

→ ごはんを 食べながら テレビを 見ます。

(1) 音楽を 聞く。 寝る。

→ ＿＿＿＿＿＿＿＿＿＿＿＿＿＿＿＿＿＿。

(2) 人生を 考える。 歩く。

→ ＿＿＿＿＿＿＿＿＿＿＿＿＿＿＿＿＿＿。

(3) お茶を 飲む。 話す。

→ ＿＿＿＿＿＿＿＿＿＿＿＿＿＿＿＿＿＿。

(4) おしゃべりを する。 運転する。

→ ＿＿＿＿＿＿＿＿＿＿＿＿＿＿＿＿＿＿。

(5) 友だちと 話す。 運動場を 走る。

→ ＿＿＿＿＿＿＿＿＿＿＿＿＿＿＿＿＿＿。

## 5. 다음 한국어를 일본어로 적으시오.

(1) 자동차로 회사에 갑니다.

(2) 집으로 돌아갑니다.

(3) 당신은 매일 밤 몇 시에 잡니까?

(4) 다음 주 금요일은 휴일입니다.

(5) 음악을 들으면서 운전합니다.

11

# 제 11 과
# とても 楽しかったです。

## 기본문형

1. とても おいしかったです。
2. 李(イ)さんと 日本語で 話しました。

キム　週末(しゅうまつ)に なにを しましたか。

森(もり)　友だちに 会(あ)いに ソウルに 行きました。

キム　大邱(テグ)から ソウルまでは どのくらい かかりましたか。

森　ＫＴＸ(ケーティエックス)で 1時間 50分 かかりました。とても 速かったです。

キム　そうですか。友だちと なにを しましたか。

森　映画を みました。それから いろいろ おしゃべりを しました。とても 楽しかったです。それに、カルビも 食べました。

キム　カルビは 辛く なかったですか。

森　　ええ、辛く なかったですよ。とても おいしかったです。

キム　それは よかったですね。
　　　ところで、友だちと 日本語で 話しましたか。

森　　ええ、もちろん 日本語で 話しました。その友だちは
　　　日本語が 上手ですよ。

■ 새 단어와 발음연습

| | | | |
|---|---|---|---|
| あう(会う) | 만나다 | こたえる(答える) | 대답하다 |
| あさごはん(朝ごはん) | 아침밥 | こわい(怖い) | 무섭다 |
| あそぶ(遊ぶ) | 놀다 | さびしい | 쓸쓸하다 |
| あたま(頭) | 머리 | しょうせつ(小説) | 소설 |
| いそがしい(忙しい) | 바쁘다 | しゅうまつ(週末) | 주말 |
| いたい(痛い) | 아프다 | しゅくだい(宿題) | 숙제 |
| いちにちじゅう(一日中) | 하루 종일 | そば | 메밀국수 |
| いろいろ | 여러 가지 | つくる(作る) | 만들다 |
| おさけ(酒) | 술 | て(手) | 손 |
| かお(顔) | 얼굴 | でんわする(電話する) | 전화하다 |
| かかる | 걸리다 | みず(水) | 물 |
| かなしい | 슬프다 | やさい(野菜) | 야채 |
| きょねん(去年) | 작년 | ゆうべ | 어젯밤 |
| けさ(今朝) | 오늘아침 | サッカー | 축구 |
| こいびと(恋人) | 연인, 애인 | デパート | 백화점 |
| こうえん(公園) | 공원 | ニュース | 뉴스 |

■ 발음을 비교해 봅시다.

① だいがく(大学)を たいがく(退学)しました。

② てんき(天気)が 悪くて でんき(電気)を つけました。

## 문형연습

### 1. ～ました(「ます」의 과거)

#### (1) 1그룹 동사

| 行く<br>会う(あ) | ⇨ | 行き<br>会い | ます | ⇨ | 行き<br>会い | ました。 |
|---|---|---|---|---|---|---|

○ 水(みず)を 飲みました。

○ 自転車に 乗(の)りました。

○ 日本の 小説(しょうせつ)を 読みました。

○ きのうは 恋人(こいびと)に 会いました。

○ 友だちと 日本語で 話しました。

#### (2) 2그룹 동사

| 食(た)べる<br>起(お)きる | ⇨ | 食べ<br>起き | ます | ⇨ | 食べ<br>起き | ました。 |
|---|---|---|---|---|---|---|

○ 窓を 開けました。

○ 日本語で 答(こた)えました。

○ 朝６時に 起きました。

○ 今朝(けさ)は パンを 食べました。

○ ゆうべは 12時に 寝ました。

### (3) 3그룹 동사

| する<br>来(く)る | ⇨ | し<br>来(き) | ます | ⇨ | し<br>来 | ました。 |
|---|---|---|---|---|---|---|

- ○ 韓国から 来ました。
- ○ 去年(きょねん) 日本へ 来ました。
- ○ きのうは 母(はは)に 電話(でんわ)しました。
- ○ 今日は 一日中(いちにちじゅう) 日本語の 宿題(しゅくだい)を しました。

## 2. ～かったです(イ형용사의 과거)

### (1) イ형용사 긍정형의 과거

| こわい<br>かなしい<br>おもしろい | ⇨ | こわ<br>かなし<br>おもしろ | かったです。 |
|---|---|---|---|

- ○ キムチは おいしかったです。
- ○ 今日は 一日中 忙(いそが)しかったです。
- ○ きのうの 映画は こわかったです。
- ○ きのうは ほんとうに 寒かったです。

(2) イ형용사 부정형의 과거

| こわ<br>かなし<br>おもしろ | い ⇨ | こわ<br>かなし<br>おもしろ | く ない ⇨ | こわ<br>かなし<br>おもしろ | く | ありませんでした。<br>なかったです。 |
|---|---|---|---|---|---|---|

- ○ 頭(あたま)は 痛(いた)く ありませんでした/なかったです。
- ○ 全然(ぜんぜん) さびしく ありませんでした/なかったです。
- ○ あまり こわく ありませんでした/なかったです。
- ○ 映画は おもしろく ありませんでした/なかったです。

## 3. ～でした(ナ형용사의 과거)

(1) ナ형용사 긍정형의 과거

| 楽(らく)<br>便利(べんり) | だ ⇨ | 楽(らく)<br>便利(べんり) | でした/だったです。 |
|---|---|---|---|

- ○ 顔(かお)は きれいでした/だったです。
- ○ きのうは ひまでした/だったです。
- ○ 公園(こうえん)は しずかでした/だったです。
- ○ スポーツは すきでした/だったです。
- ○ デパートは にぎやかでした/だったです。

(2) ナ형용사 부정형의 과거

| 楽(らく)<br>便利(べんり) | だ。 ⇨ | 楽(らく)<br>便利(べんり) | では/じゃ ない。 |
|---|---|---|---|

⇨ 楽(らく)/便利(べんり) では/じゃ ありませんでした。
/なかったです。

○ スポーツは きらいでは/じゃ ありませんでした。
/なかったです。

○ 2年前は 日本語が 上手では/じゃ ありませんでした。
/なかったです。

○ 小(ちい)さいころ、野菜(やさい)が 好きでは/じゃ ありませんでした。
/なかったです。

○ むかし、この まちは にぎやかでは/じゃ ありませんでした。
/なかったです。

4. ます형＋に（～하러：목적）

| 見(み)<br>飲(の)み<br>食(た)べ | ます。 ⇨ | 見<br>飲み<br>食べ | に 行きました。 |
|---|---|---|---|

○ そばを 食べに 来ました。

○ サッカーを 見に 行きました。

○ ケーキを 買いに 行きました。

○ 彼女の 家に 遊(あそ)びに 行きました。

○ 友だちと お酒(さけ)を 飲みに 行きました。

5. 명사＋で (～로 : 수단, 도구)

○ 手(て)で 作(つく)ります。

○ えんぴつで 書きます。

○ 英語で メールを 書きました。

○ 彼女と 韓国語で 話しました。

○ スミスさんと 英語で 話しました。

## 연습문제

1. (예) 図書館へ 行く。
→ 図書館へ 行きました。

(1) 友だちに 会う。
→ 友だちに ＿＿＿＿＿＿＿＿＿＿＿＿＿＿ 。

(2) 彼女と おしゃべりを する。

→ 彼女と ______________________ 。

(3) 朝ごはんを 食べる。

→ 朝ごはんを ______________________ 。

(4) ニュースを 見る。

→ ニュースを ______________________ 。

(5) スミスさんが 来る。

→ スミスさんが ______________________ 。

2. (예) 映画は おもしろいです。

→ 映画は おもしろかったです。

(1) カルビは おいしいです。

→ カルビは ______________________ 。

(2) キムチは 辛いです。

→ キムチは ______________________ 。

(3) KTXは 速いです。

→ KTXは ______________________ 。

(4) 頭が 痛く ないです。

→ 頭は ______________________ 。

(5) 全然 さびしく ないです。

→ 全然 ______________________ 。

3. (예) 交通は 便利です。

→ 交通は 便利でした。

(1) 公園は しずかです。

→ 公園は ______________________ 。

(2) ひまです。

→ きのうは ______________________ 。

(3) 彼女は きれいです。

→ 彼女は ______________________ 。

(4) 彼は 元気では ないです。

→ 彼は ______________________ 。

(5) デパートは にぎやかでは ないです。

→ デパートは ______________________ 。

**4.** (예) ごはんを 食べる。

→ ごはんを 食べに 行きました。

(1) お酒を 飲む。

→ お酒を ______________________ 。

(2) 映画を 見る。

→ 映画を ______________________ 。

(3) 友だちに 会う。

→ 友だちに ______________________ 。

(4) ケーキを 買う。

→ ケーキを ______________________ 。

(5) サッカーを 見る。

→ サッカーを ______________________ 。

5. 다음 한국어를 일본어로 적으시오.

(1) 손으로 만듭니다.

(2) 영어로 말합니다.

(3) 영화는 전혀 무섭지 않았습니다.

(4) 주말에 친구와 축구를 보러 갔습니다.

(5) 어제는 12시에 잤습니다.

12

# 제 12 과

# 歌を 聞いて います。

## 기본문형

1. 仕事を 急いで います。
2. ニュースを 聞いて います。

キム　もしもし、木村さん、今 なにを して いますか。

木村　「KARA（カラ）」の ライブの 動画を 見て います。
歌（うた）や ダンスが とても いいですね。

キム　そうですね。私も 大好きです。
木村さんは 「KARA」の どの 歌が 好きですか。

木村　やっぱり ミスターですね。この 歌は 歌詞（かし）も ダンスも おもしろくて まいにち 見て います。キムさんは どの 歌が 好きですか。

キム　ミスターも 好きですが、私は やっぱり ジャンピンです。

木村　そうですか。あの 歌も いいですよね。
最近(さいきん) 「K-POP(ケーポップ)」は 本当に 人気が ありますね。

キム　そうですね。「K-POP」は 世界中(せかいじゅう)で 大人気ですね。

■ 새 단어와 발음연습

| | | | |
|---|---|---|---|
| いそぐ(急ぐ) | 서두르다 | どうが(動画) | 동영상 |
| およぐ(泳ぐ) | 헤엄치다 | にんき(人気) | 인기 |
| うた(歌) | 노래 | ふる(降る) | 내리다 |
| うたう(歌う) | 노래하다 | ほんとうに(本当に) | 정말 |
| うみ(海) | 바다 | まいにち(毎日) | 매일 |
| かぐ(嗅ぐ) | (냄새)맡다 | まつ(待つ) | 기다리다 |
| かし(歌詞) | 가사 | やっぱり | 역시 |
| くだもの | 과일 | ろうか | 복도 |
| さんぽ(散歩) | 산책, 산보 | アパート | 아파트 |
| しぬ(死ぬ) | 죽다 | ゴミ | 쓰레기 |
| しる(知る) | 알다 | ダンス | 댄스 |
| すむ(住む) | 살다, 거주하다 | ドラマ | 드라마 |
| せかいじゅう(世界中) | 전 세계 | ライブ | 라이브 |
| だす(出す) | 내다 | | |

■ 발음을 비교해 봅시다.

① おばあさんと おばさんに あいました。

② よじ(四時)に ようじ(用事)が あります。

## 문형연습

### 1. 동사의 「て형」(~고, ~서)

| | | | |
|---|---|---|---|
| 1그룹 | 「イ」음편 | 어미(끝자)를 「い」단으로<br>① 「き」+て → 「いて」<br>② 「ぎ」+て → 「いで」 | • かく(書く, 쓰다)<br>(かき+て) → かいて<br>• およぐ(泳ぐ, 수영하다)<br>(およぎ+て) → およいで<br>※예외 : いく(行く, 가다)<br>(いき+て) → (いいて)<br>→ いって |
| | 촉음편 | 어미(끝자)를 「い」단으로<br>③ 「ち」「り」「い」+て →<br>「って」 | • たつ(立つ, 서다)<br>(たち+て) →たって<br>• おくる(送る, 보내다)<br>(おくり+て) → おくって<br>• おもう(思う, 생각하다)<br>(おもい+て) → おもって |
| | 발음편/ン음편 | 어미(끝자)를 「い」단으로<br>④ 「び」「み」「に」+て →<br>「んで」 | • よぶ(呼ぶ, 부르다)<br>(よび+て) → よんで<br>• よむ(読む, 읽다)<br>(よみ+て) → よんで<br>• しぬ(死ぬ, 죽다)<br>(しに+て) → しんで |
| 2그룹 | (음편형 없음) | 어간+て | • 起き+て → 起きて |
| 3그룹 | (음편형 없음) | 불규칙 | • する(하다) → して<br>• 来(く)る(오다) → 来(き)て |

## 2. ～て(で) いる(동작의 계속, 진행형)

### (1) 1그룹 동사

① イ음편

「き」+て→ いて

| | | | |
|---|---|---|---|
| 書く<br>聞く<br>歩く | ⇨ | 書いて<br>聞いて<br>歩いて | います。 |

○ メールを 書いて います。

○ ラジオを 聞いて います。

○ キャンパスを 歩いて います。

「ぎ」+て→ いで

| | | | |
|---|---|---|---|
| 急ぐ<br>泳ぐ<br>嗅ぐ | ⇨ | 急いで<br>泳いで<br>嗅いで | います。 |

○ 海で 泳いで います。

○ 仕事を 急いで います。

○ においを 嗅いで います。

② 촉음편

「ち」「り」「い」+て→ 「って」

| 待(ま)つ<br>降(ふ)る<br>歌(うた)う | ⇨ | 待って<br>降って<br>歌って | います。 |
|---|---|---|---|

○ 雨が 降って います。

○ 歌を 歌って います。

○ 友だちを 待って います。

③ 발음편(ん음편)

「び」「み」「に」+て→ 「んで」

| 遊(あそ)ぶ<br>住(す)む<br>死(し)ぬ | ⇨ | 遊んで<br>住んで<br>死んで | いる。 |
|---|---|---|---|

○ こどもが 遊んで います。

○ 道(みち)に 虫(むし)が 死んで います。

○ 私は アパートに 住んで います。

④「さ」행 1그룹 동사(음편형 없음)

「し」＋て→ して

| 話す(はな) / 出す(だ) | ⇨ | 話して / 出して | いる。 |
|---|---|---|---|

○ ゴミを 出して います。

○ 友だちと 話して います。

(2) 2그룹 동사

어간＋て

| 見る(み) / 食べる(た) | ⇨ | 見て / 食べて | います。 |
|---|---|---|---|

○ ドラマを 見て いますか。

○ くだものを 食べて います。

(3) 3그룹 동사

| する / 来る(く) | ⇨ | して / 来て(き) | います。 |
|---|---|---|---|

○ 散歩(さんぽ)を して います。

○ 木村さんが 来て います。

## 연습문제

1. (예) A: 何を　して　いますか。
   B: パンを　<u>食べて　います</u>。

(1) A: 何を　して　いますか。
B: 本を ____________________ 。

(2) A: 何を　して　いますか。
B: テレビを ____________________ 。

(3) A: 何を　して　いますか。
B: 海で ____________________ 。

(4) A: 何を　して　いますか。
B: 音楽を ____________________ 。

(5) A: 何を　して　いますか。
B: こどもが ____________________ 。

(6) A: 何を　して　いますか。
B: 歌を ____________________ 。

(7) A: 何を して いますか。

B: キャンパスを ______________________ 。

(8) A: 何を して いますか。

B: においを __________________________ 。

(9) A: 何を して いますか。

B: 水を ______________________________ 。

(10) A: 何を して いますか。

B: 公園で ___________________________ 。

(11) A: 何を して いますか。

B: 部屋で ___________________________ 。

(예)
(1)
(2)
(3)
(4)
(5)
(6)
(7)
(8)
(9)
(10)
(11)
ゲーム

2. 다음 한국어를 일본어로 적으시오.

(1) 친구를 기다리고 있습니다.

(2) 그 사람을 알고 있습니다.

(3) 비가 내리고 있습니다.

(4) 바다에서 수영하고 있습니다.

(5) 과일을 먹고 있습니다.

# おおきな くりの きの したで

作詞・作曲者 不明☆

♩=104～112ぐらい

1. おおきな くりの きのした で　あ な－ た と わ た し
2. おおきな くりの きのした で　お は－ な し し ま しょう
3. おおきな くりの きのした で　お お－ き な ゆ め を

1. た の し く あそびま しょう　おおきな くりの きのした で
2. み ん な で わになって　おおきな くりの きのした で
3. お お き く そだてま しょう　おおきな くりの きのした で

13

# 제 13 과

# 行かないで ください。

**기본문형**

1. 行かないで ください。
2. ガスを 止(と)めて ください。

木村　キムさん、韓国は 地震(じしん)が あまり ないですね。

キム　そうですね。これまでは あまり なかったですが、これからは 韓国も わかりませんよ。日本は 地震が 多いですね。

木村　はい、昔(むかし)から 日本人の 怖(こわ)い ものは やっぱり 地震です。

キム　地震の ときは どうしますか。

木村　家に いる ときは まず、ガスを 止めて ください。それから つくえや テーブルの 下に 入って ください。これは たてものが 揺(ゆ)れて 上から なにか 落ちる おそれが あるからです。

キム　そうですか。怖いですね。では、外(そと)に いる ときは どうしますか。

木村　まず、たてものの 近くには 行かないで ください。危(あぶ)ないです。とにかく 地震の ときは、あわてないで 公園や 運動場のような 広い 場所に 行って ください。それから ニュースを よく 聞いて ください。

■ 새 단어와 발음연습

| | | | |
|---|---|---|---|
| あぶない(危ない) | 위험하다 | ちかく(近く) | 근처 |
| あわてる | 당황하다 | つかう(使う) | 사용하다 |
| うわぎ(上着) | 겉옷, 윗도리 | とにかく | 어쨌든, 하여간 |
| おしえる(教える) | 가르치다 | とめる(止める) | 잠그다, 멈추다 |
| おそれ | 우려 | ぬぐ(脱ぐ) | 벗다 |
| おちる(落ちる) | 떨어지다 | はげしい(激しい) | 심하다 |
| かす(貸す) | 빌려주다 | ばしょ(場所) | 장소 |
| くすり(薬) | 약 | まなぶ(学ぶ) | 배우다, 익히다 |
| じしん(地震) | 지진 | やすむ(休む) | 쉬다 |
| そうじ | 청소 | ゆれる(揺れる) | 흔들리다 |
| そと(外) | 밖 | わかる | 알다 |
| たてもの | 건물 | ガス | 가스 |

■ 발음을 비교해 봅시다.

① 着(き)て ください / 切手(きって) ください。

② 来(き)て ください / 切(き)って ください。

## 문형연습

### 1. ～て(で) ください(～해 주세요/의뢰표현)

#### (1) 1그룹 동사

① イ음편

| | | | |
|---|---|---|---|
| 日本語で 書く<br>毎日(まいにち) MP3(エムピースリ) を 聞く | ⇨ | 日本語で 書い<br>毎日 MP3を 聞い | て ください。 |
| 上着(うわぎ)を 脱(ぬ)ぐ<br>もう 少し 急ぐ | ⇨ | 上着を 脱い<br>もう 少し 急い | で ください。 |

② 촉음편

| | | | |
|---|---|---|---|
| 入る<br>しばらく 待つ<br>パソコンを 使う | ⇨ | 入っ<br>しばらく 待っ<br>パソコンを 使っ | て ください。 |

③ 발음편(ん음편)

| | | | |
|---|---|---|---|
| 薬(くすり)を 飲む<br>少(すこ)し 休む<br>ハングルを 学(まな)ぶ | ⇨ | 薬を 飲ん<br>少し 休ん<br>ハングルを 学ん | で ください。 |

④「さ」행 1그룹 동사(음편형 없음)

| | | | |
|---|---|---|---|
| 傘(かさ)を 貸(か)す<br>日本語で 話す<br>レポートを 出す | ⇨ | 傘を 貸し<br>日本語で 話し<br>レポートを 出し | て ください。 |

(2) 2그룹 동사

| | | | |
|---|---|---|---|
| 窓を 開ける<br>道を 教える<br>日本語で 答(こた)える | ⇨ | 窓を 開け<br>道を 教え<br>日本語で 答え | て ください。 |

(3) 3그룹 동사

| | | | |
|---|---|---|---|
| 部屋を そうじする<br>あしたは 早(はや)く 来る | ⇨ | 部屋を そうじし<br>あしたは 早く 来(き) | て ください。 |

2. ～ない형+で ください(～하지 말아 주세요/부정의 의뢰표현)

| 1그룹 | 2그룹 | 3그룹 |
|---|---|---|
| 어미(끝자)「あ」단 +ない<br>(書かない) | 어간+ない<br>(起きない) | する→しない<br>来(く)る→来(こ)ない |

### (1) 1그룹 동사

| 飲む<br>行く<br>言う | ⇨ | 飲ま<br>行か<br>言わ | ない。 | ⇨ | 飲ま<br>行か<br>言わ | ないで ください。 |
|---|---|---|---|---|---|---|

○ あまり 飲まないで ください。

○ どこにも 行かないで ください。

○ だれにも 言わないで ください。

### (2) 2그룹 동사

| 見る<br>開ける | ⇨ | 見<br>開け | ない。 | ⇨ | 見<br>開け | ないで ください。 |
|---|---|---|---|---|---|---|

○ 窓を 開けないで ください。

○ こっちを 見ないで ください。

○ それは 言わないで ください。

### (3) 3그룹 동사

| する<br>来(く)る | ⇨ | し<br>来(こ) | ない。 | ⇨ | し<br>来 | ないで ください。 |
|---|---|---|---|---|---|---|

○ あしたは 来ないで ください。

○ はげしい 運動は しないで ください。

## 연습문제

1. (예) よく 聞く。
→ よく 聞いて ください。

(1) 日本語で 読む。
→ ＿＿＿＿＿＿＿＿＿＿＿＿＿＿ 。

(2) 英語で 話す。
→ ＿＿＿＿＿＿＿＿＿＿＿＿＿＿ 。

(3) もう 少し 急ぐ。
→ ＿＿＿＿＿＿＿＿＿＿＿＿＿＿ 。

(4) 少し 待つ。
→ ＿＿＿＿＿＿＿＿＿＿＿＿＿＿ 。

(5) タクシーを よぶ。
→ ＿＿＿＿＿＿＿＿＿＿＿＿＿＿ 。

(6) パソコンを 使う。
→ ＿＿＿＿＿＿＿＿＿＿＿＿＿＿ 。

(7) くだものを 食べる。

→ ＿＿＿＿＿＿＿＿＿＿＿＿＿＿＿＿ 。

(8) 本を 見る。

→ ＿＿＿＿＿＿＿＿＿＿＿＿＿＿＿＿ 。

(9) キムさんも 来る。

→ ＿＿＿＿＿＿＿＿＿＿＿＿＿＿＿＿ 。

(10) 少し 休む。

→ ＿＿＿＿＿＿＿＿＿＿＿＿＿＿＿＿ 。

2. (예) パンを 食べません。

→ パンは 食べないで ください。

(1) 先生に 言いません。

→ ＿＿＿＿＿＿＿＿＿＿＿＿＿＿＿＿ 。

(2) 明日は 来ません。

→ ＿＿＿＿＿＿＿＿＿＿＿＿＿＿＿＿ 。

(3) えんぴつで 書きません。

→ ＿＿＿＿＿＿＿＿＿＿＿＿＿＿＿＿ 。

(4) こちらを 見ません。

→ ______________________________。

(5) お酒を 飲みません。

→ ______________________________。

(6) この 電話を 使いません。

→ ______________________________。

(7) この 部屋に 入りません。

→ ______________________________。

(8) 海で 泳ぎません。

→ ______________________________。

(9) 窓を 開けません。

→ ______________________________。

(10) はげしい 運動を しません。

→ ______________________________。

3. 다음 한국어를 일본어로 적으시오.

(1) 우산을 빌려 주세요.

(2) 창문을 열어 주세요.

(3) 건물 근처에는 가지 말아 주세요.

(4) 내일은 오지 말아 주세요.

(5) 심한 운동은 하지 말아 주세요.

# 제 14 과

# 着てみてもいいですか。

**기본문형**

1. これにします。
2. ちょっと着てみてもいいですか。

店員(てんいん)　いらっしゃいませ。

キム　すみません。シャツはどの辺(へん)にありますか。

店員　はい、ご案内します。こちらです。

キム　ありがとうございます。

キム　このデザインすてきですね。ちょっと着てみてもいいですか。

店員　はい、どうぞ。試着室(しちゃくしつ)はあちらです。

---

店員　どうですか。

キム　デザインはすてきですが、サイズが少し大きいですね。

店員　そうですか。色はどうですか。

キム　色もこれより明るいほうがいいですね。

店員　かしこまりました。少々お待ちください。

店員　これはどうですか。

キム　あ、これは色もサイズもちょうどいいですね。
これにします。

店員　着てみなくてもいいですか。

キム　まあ、だいじょうぶでしょう。

■ 새 단어와 발음연습

| | | | |
|---|---|---|---|
| いろ(色) | 색 | にあう(似合う) | 어울리다 |
| おく(置く) | 두다 | にもつ(荷物) | 짐 |
| このまま | 이대로 | にわ(庭) | 마당, 정원 |
| しちゃくしつ(試着室) | 탈의실 | のみもの(飲みもの) | 마실 것, 음료 |
| しめる(閉める) | 닫다 | ひく(弾く) | 치다 |
| すう(吸う) | 피우다 | よぶ(呼ぶ) | 부르다 |
| すてきだ | 멋지다 | コーヒー | 커피(coffee) |
| たばこ | 담배 | コピー | 복사(copy) |
| ちょっと | 잠깐 | サイズ | 사이즈 |
| つれる(連れる) | 데리고 오(가)다 | シャツ | 셔츠 |
| てんいん(店員) | 점원 | デザイン | 디자인 |

■ 발음을 비교해 봅시다.

① ようやく よやく(予約)が できました。

② きょうり(郷里)までの きょり(距離)は 遠い。

## 문형연습

### 1. ～て/で형 + もいいですか(～해도 됩니까? : 허가/허락)

#### (1) 1그룹 동사

① イ음편

| | | | |
|---|---|---|---|
| えんぴつで書く<br>ここに荷物(にもつ)を置く | ⇨ | えんぴつで書い<br>ここに荷物を置い | てもいいですか。 |
| ここで泳ぐ<br>上着を脱ぐ | ⇨ | ここで泳い<br>上着を脱い | でもいいですか。 |

② 촉음편

| | | | |
|---|---|---|---|
| このまま待つ<br>少し早く帰る<br>庭(にわ)でたばこを吸(す)う | ⇨ | このまま待っ<br>少し早く帰っ<br>庭でたばこを吸っ | てもいいですか。 |

③ 발음편(ん음편)

| | | | |
|---|---|---|---|
| ビールを飲む<br>パクさんを呼ぶ | ⇨ | ビールを飲ん<br>パクさんを呼ん | でもいいですか。 |

④「さ」행 1그룹 동사(음편형 없음)

| | | | |
|---|---|---|---|
| 日本語で話す<br>レポートを出す | ⇨ | 日本語で話し<br>レポートを出し | てもいいですか。 |

(2) 2그룹 동사

| | | | |
|---|---|---|---|
| 窓を開(あ)ける<br>韓国語で答える<br>あしたは８時に起きる | ⇨ | 窓を開け<br>韓国語で答え<br>あしたは８時に起き | てもいいですか。 |

(3) 3그룹 동사

| | | | |
|---|---|---|---|
| コピーする<br>遊びに来る | ⇨ | コピーし<br>遊びに来 | てもいいですか。 |

2. ～て(で)みてもいいですか(～해 봐도 됩니까?)

○ この音楽、聞いてみてもいいですか。
○ このピアノ、弾(ひ)いてみてもいいですか。
○ このセーター、着てみてもいいですか。
○ このボールペン、使ってみてもいいですか。

### 3. ～なくてもいいです(～하지 않아도 됩니다)

○ 窓を閉(し)めなくてもいいです。
○ あしたは来(こ)なくてもいいです。
○ 日本語で書かなくてもいいです。
○ 友だちに電話しなくてもいいです。

### 4. ～にする(～로 하다：선택의 「に」)

| | | |
|---|---|---|
| 私は | コーラ<br>コーヒー<br>サイダー<br>ビビンパー | に します。 |

○ この色にします。
○ ジュースにします。
○ ラーメンにします。
○ 私はアイスコーヒーにします。

## 연습문제

1. (예) 韓国語で話す。
→ 韓国語で話してもいいですか。

(1) ハングルで書く。
→ ________________________________。

(2) たばこを吸う。
→ ________________________________。

(3) ここに置く。
→ ________________________________。

(4) 電話を使う。
→ ________________________________。

(5) 部屋に入る。
→ ________________________________。

(6) 水を飲む。
→ ________________________________。

(7) 窓を開ける。

→ ＿＿＿＿＿＿＿＿＿＿＿＿＿＿＿＿＿＿＿＿ 。

(8) 早く帰る。

→ ＿＿＿＿＿＿＿＿＿＿＿＿＿＿＿＿＿＿＿＿ 。

(9) ドアを閉める。

→ ＿＿＿＿＿＿＿＿＿＿＿＿＿＿＿＿＿＿＿＿ 。

(10) 少し休む。

→ ＿＿＿＿＿＿＿＿＿＿＿＿＿＿＿＿＿＿＿＿ 。

2. (예) ニュースを見ません。

→ ニュースを見なくてもいいですか。

(1) 日本語で書きません。

→ ＿＿＿＿＿＿＿＿＿＿＿＿＿＿＿＿＿＿＿＿ 。

(2) あしたは来ません。

→ ＿＿＿＿＿＿＿＿＿＿＿＿＿＿＿＿＿＿＿＿ 。

(3) 窓を閉めません。

→ ＿＿＿＿＿＿＿＿＿＿＿＿＿＿＿＿＿＿＿＿ 。

(4) レポートを出しません。

→ ________________________ 。

(5) パクさんを呼びません。

→ ________________________ 。

3.

| (예) | A: 飲み物は何にしますか。<br>B: 私はコーラにします。 |
|---|---|

(1) A: 飲み物は何にしますか。

B: 私は ________________________ 。

(2) A: 飲み物は何にしますか。

B: 私は ________________________ 。

(3) A: 飲み物は何にしますか。

B: 私は ________________________ 。

(4) A: 食べ物は何にしますか。

B: 私は ________________________ 。

(5) A: 食べ物は何にしますか。

B: 私は ________________________ 。

(예)

(1)

(2)

(3)

(4)

(5)

4. 다음 한국어를 일본어로 적으시오.

(1) 오늘은 일찍 돌아가도 좋습니다.

(2) 정원에서 담배를 피워도 좋습니다.

(3) 친구에게 전화를 하지 않아도 됩니다.

(4) 피아노를 쳐봐도 됩니까?

(5) 나는 주스로 하겠습니다.

# メモ

15

# 제 15 과

# 終わってから会いましょう。

## 기본문형

1. どこで会(あ)いましょうか。
2. マニュアルを覚(おぼ)えてから使います。

キム　もしもし、キムと申しますが、木村さんお願いできますか。

木村　はい、お電話、かわりました。

キム　キムですが、最近忙しいですか。

木村　ええ、テストがちかくなってちょっと忙しいです。

キム　そうですか。ところで、今日の授業は何時に終わりますか。

木村　午後5時ごろです。

キム　じつは、きのう韓国から後輩(こうはい)が留学(りゅうがく)に来ました。
よかったら木村さんに紹介(しょうかい)したいのですが。

木村　そうですか。授業が終わってからでもいいですか。
ちょうど空(あ)いていますが。

キム　だいじょうぶですよ。ありがとうございます。
それじゃ、何時にどこで会いましょうか。

木村　5時30分に正門(せいもん)の前はどうですか。

キム　いいですね。３人で食事でもしましょうか。
メニューは会ってから決めましょう。

木村　わかりました。

キム　じゃ、あとで。

■ 새 단어와 발음연습

| | | | |
|---|---|---|---|
| あく(空く) | 비다 | せいもん(正門) | 정문 |
| おぼえる(覚える) | 기억하다 | そろそろ | 슬슬 |
| おわる(終わる) | 끝나다 | たつ(立つ) | 서다 |
| きめる(決める) | 결정하다 | なまえ(名前) | 이름 |
| けっこんする(結婚する) | 결혼하다 | は(歯)を みがく | 이를 닦다 |
| こうはい(後輩) | 후배 | みせ(店) | 가게 |
| しごと(仕事) | 일 | やめる | 그만두다 |
| しぜん(自然) | 자연 | マニュアル | 매뉴얼 |
| しょうかいする(紹介する) | 소개하다 | メニュー | 메뉴 |
| しょくじ(食事) | 식사 | | |

■ 발음을 비교해 봅시다.

① ガラスの うえに カラスが います。

② いど(井戸)に いと(糸)を おとしました。

## 문형연습

### 1. ～て(で)형 + から(～하고 나서)

#### (1) 1그룹 동사

① イ음편

○ 泳いでから休みます。
○ 名前(なまえ)を書いてから始(はじ)めてください。

② 촉음편

○ 走(はし)ってから水(みず)を飲みます。
○ 座(すわ)ってから話しましょう。
○ 足(あし)を洗ってから入ってください。

③ 발음편(ん음편)

○ 少し遊んでから行きます。
○ 死んでから５年目(ねんめ)になります。
○ もう少し休んでから勉強(べんきょう)します。

④「さ」행 1그룹 동사(음편형 없음)

○ 先生に話してから行きます。
○ レポートを出してから遊びます。

### (2) 2그룹 동사

○ 起きてから歯(は)をみがきます。

○ マニュアルを覚えてから使います。

### (3) 3그룹 동사

○ 運動をしてから水を飲みます。

○ 日本に来てからはじめて寿司(すし)を食べました。

## 2. イ형용사 어간 + くなる (변화)

[寒 / 近] い ⇨ [寒 / 近] くなる。

○ 暑くなりました。

○ 急(きゅう)に寒くなりました。

○ 日本と韓国が近くなりました。

## 3. ～ましょう(か) (권유, 제안)

### (1) 1그룹 동사

○ 毎日歩きましょう。

○ 少し休みましょうか。

○ いっしょにビールでも飲みましょう。

### (2) 2그룹 동사

○ たばこはやめましょう。

○ もう少し考えましょう。

○ そろそろ寝ましょうか。

### (3) 3그룹 동사

○ 結婚(けっこん)しましょうか。

○ 自然(しぜん)を大切(たいせつ)にしましょう。

○ この店は親切ですね。また来ましょう。

## 연습문제

1. (예) 聞く、 始める
→ 聞いてから始めます。

(1) 勉強する、テレビを見る
→ ________________________________。

(2) 少し休む、仕事をする
→ ________________________________。

(3) 電話する、行く
→ ________________________________。

(4) キムさんが来る、始める
→ ________________________________。

(5) よく聞く、答える
→ ________________________________。

(6) テレビを見る、寝る
→ ________________________________。

(7) 朝起きる、新聞を読む

→ ＿＿＿＿＿＿＿＿＿＿＿＿＿＿＿＿＿＿。

(8) マニュアルを覚える、使う

→ ＿＿＿＿＿＿＿＿＿＿＿＿＿＿＿＿＿＿。

(9) 少し遊ぶ、お風呂に入る。

→ ＿＿＿＿＿＿＿＿＿＿＿＿＿＿＿＿＿＿。

(10) 仕事が終わる、家に帰る。

→ ＿＿＿＿＿＿＿＿＿＿＿＿＿＿＿＿＿＿。

2. (예) 暑い

→ 暑くなりました。

(1) 値段が高い

→ ＿＿＿＿＿＿＿＿＿＿＿＿＿＿＿＿＿＿。

(2) 日本と韓国は近い

→ ＿＿＿＿＿＿＿＿＿＿＿＿＿＿＿＿＿＿。

(3) こどもが大きい

→ ＿＿＿＿＿＿＿＿＿＿＿＿＿＿＿＿＿＿。

(4) ケータイが小さい

→ ______________________________ 。

(5) 寒い

→ ______________________________ 。

3. (예) ビールを飲む。

→ ビールを飲みましょう。

(1) いっしょに食べる。

→ ______________________________ 。

(2) たばこをやめる。

→ ______________________________ 。

(3) 自然を大切にする。

→ ______________________________ 。

(4) この店にまた来る。

→ ______________________________ 。

(5) もう少し考える。

→ ______________________________ 。

4. (예) いっしょに行く。

→ いっしょに行きましょうか。

(1) 少し休む。

→ ________________________________。

(2) 結婚する。

→ ________________________________。

(3) もう帰る。

→ ________________________________。

(4) 毎朝歩く。

→ ________________________________。

(5) そろそろ寝る。

→ ________________________________。

5. 다음 한국어를 일본어로 적으시오.

(1) 조금 더 쉬고 나서 공부합시다.

(2) 담배는 끊읍시다.

(3) 운동하고 나서 물을 마십니다.

(4) 깊이 생각하고 나서 결정합니다.

(5) 같이 맥주라도 마실까요?

(6) 일본과 한국이 가까워졌습니다.

# メモ

# 부 록

- □ 동사활용표
- □ イ형용사 · ナ형용사 활용표
- □ 숫자
- □ 시간 표현
- □ 조수사
- □ 친족의 명칭

## ㅁ 동사 활용표

| | | 사전형 | ます형 | て형 | た형 | ない형 | ば형 | う(よう)형 |
|---|---|---|---|---|---|---|---|---|
| 1그룹 | イ음편 | 歩く | 歩きます | 歩いて | 歩いた | 歩かない | 歩けば | 歩こう |
| | | 急ぐ | 急ぎます | 急いで | 急いだ | 急がない | 急がない | 急ごう |
| | 촉음편 | 買う | 買います | 買って | 買った | 買わない | 買えば | 買おう |
| | | 待つ | 待ちます | 待って | 待った | 待たない | 待てば | 待とう |
| | | 乗る | 乗ります | 乗って | 乗った | 乗らない | 乗れば | 乗ろう |
| | 발음편<br>ン음편 | 死ぬ | 死にます | 死んで | 死んだ | 死なない | 死ねば | 死のう |
| | | 呼ぶ | 呼びます | 呼んで | 呼んだ | 呼ばない | 呼べば | 呼ぼう |
| | | 休む | 休みます | 休んで | 休んだ | 休まない | 休めば | 休もう |
| | | 話す | 話します | 話して | 話した | 話さない | 話せば | 話そう |
| | 예외 | 行く | 行きます | 行って | 行った | 行かない | 行けば | 行こう |
| 2그룹 | | 見る | 見ます | 見て | 見た | 見ない | 見れば | 見よう |
| | | 寝る | 寝ます | 寝て | 寝た | 寝ない | 寝れば | 寝よう |
| 3그룹 | | する | します | して | した | しない | すれば | しよう |
| | | 来る | 来ます | 来て | 来た | 来ない | 来れば | 来よう |

| 가능형 | れる/られる형 | せる/させる형 | 명령형 | 같은 활용을 하는 동사 |
|---|---|---|---|---|
| 歩ける | 歩かれる | 歩かせる | 歩け | 動(うご)く、置(お)く、書(か)く、聞(き)く |
| 急げる | 急がれる | 急がせる | 急げ | 泳(およ)ぐ、嗅(か)ぐ、騒(さわ)ぐ、脱(ぬ)ぐ、防(ふせ)ぐ |
| 買える | 買われる | 買わせる | 買え | 会(あ)う、言(い)う、歌(うた)う、思(おも)う、習(なら)う |
| 待てる | 待たれる | 待たせる | 待て | 打(う)つ、勝(か)つ、立(た)つ、育(そだ)つ、持(も)つ |
| 乗れる | 乗られる | 乗らせる | 乗れ | 移(うつ)る、躍(おど)る、帰(かえ)る、困(こま)る、走(はし)る |
| 死ねる | 死なれる | 死なせる | 死ね | |
| 呼べる | 呼ばれる | 呼ばせる | 呼べ | 遊(あそ)ぶ、選(えら)ぶ、飛(と)ぶ、並(なら)ぶ、運(はこ)ぶ |
| 休める | 休まれる | 休ませる | 休め | 囲(かこ)む、住(す)む、飲(の)む、踏(ふ)む、読(よ)む |
| 話せる | 話される | 話させる | 話せ | 押(お)す、返(かえ)す、貸(か)す、消(け)す、探(さが)す |
| 行ける | 行かれる | 行かせる | 行け | |
| 見られる | 見られる | 見させる | 見ろ | いる、起(お)きる、着(き)る |
| 寝られる | 寝られる | 寝させる | 寝ろ | 教(おし)える、かける、食(た)べる、出(で)る |
| できる | される | させる | しろ | |
| 来(こ)られる | 来(こ)られる | 来(こ)させる | 来(こ)い | |

## □ イ형용사 · ナ형용사 활용표

| | 사전형 | 연체형 | なる형 | て형 | た형 | ない형 | ば/なら형 |
|---|---|---|---|---|---|---|---|
| い형용사 | 高い(たか) | 高い | 高くなる | 高くて | 高かった | 高くない | 高ければ |
| | よい | よい | よくなる | よくて | よかった | よくない | よければ |
| | ほしい | ほしい | ほしくなる | ほしくて | ほしかった | ほしくない | ほしければ |
| 조동사 (희망) | ～たい | ～たい | ～たくなる | ～たくて | ～たかった | ～たくない | ～たければ |
| な형용사 | きれいだ | きれいな | きれいになる | きれいで | きれいだった | きれいでない | きれいなら |
| | 静かだ(しず) | 静かな | 静かになる | 静かで | 静かだった | 静かでない | 静かなら |
| | 元気だ(げんき) | 元気な | 元気になる | 元気で | 元気だった | 元気でない | 元気なら |
| | 有名だ(ゆうめい) | 有名な | 有名になる | 有名で | 有名だった | 有名でない | 有名なら |
| | 便利だ(べんり) | 便利な | 便利になる | 便利で | 便利だった | 便利でない | 便利なら |

□ 숫자

| 1 | 10 | 100 | 1,000 | 10,000 | 100,000,000 |
|---|---|---|---|---|---|
| いち<br>(一) | じゅう<br>(十) | ひゃく<br>(百) | せん<br>(千) | いちまん<br>(一万) | いちおく<br>(一億) |
| に<br>(二) | にじゅう<br>(二十) | にひゃく<br>(二百) | にせん<br>(二千) | にまん<br>(二万) | におく<br>(二億) |
| さん<br>(三) | さんじゅう<br>(三十) | さんびゃく<br>(三百) | さんぜん<br>(三千) | さんまん<br>(三万) | さんおく<br>(三億) |
| よん・し<br>(四) | よんじゅう・<br>しじゅう<br>(四十) | よんひゃく<br>(四百) | よんせん<br>(四千) | よんまん<br>(四万) | よんおく<br>(四億) |
| ご<br>(五) | ごじゅう<br>(五十) | ごひゃく<br>(五百) | ごせん<br>(五千) | ごまん<br>(五万) | ごおく<br>(五億) |
| ろく<br>(六) | ろくじゅう<br>(六十) | ろっぴゃく<br>(六百) | ろくせん<br>(六千) | ろくまん<br>(六万) | ろくおく<br>(六億) |
| なな・しち<br>(七) | ななじゅう・<br>しちじゅう<br>(七十) | ななひゃく<br>(七百) | ななせん・<br>しちせん<br>(七千) | ななまん・<br>しちまん<br>(七万) | ななおく・<br>しちおく<br>(七億) |
| はち<br>(八) | はちじゅう<br>(八十) | はっぴゃく<br>(八百) | はっせん<br>(八千) | はちまん<br>(八万) | はちおく<br>(八億) |
| きゅう・く<br>(九) | きゅうじゅう<br>(九十) | きゅうひゃく<br>(九百) | きゅうせん<br>(九千) | きゅうまん<br>(九万) | きゅうおく<br>(九億) |
| じゅう<br>(十) | ひゃく<br>(百) | せん<br>(千) | まん<br>(万) | じゅうまん<br>(十万) | じゅうおく<br>(十億) |

## □ 시간 표현

| 일요일 | 월요일 | 화요일 | 수요일 |
|---|---|---|---|
| にちようび<br>(日曜日) | げつようび<br>(月曜日) | かようび<br>(火曜日) | すいようび<br>(水曜日) |
| **목요일** | **금요일** | **토요일** | **무슨 요일** |
| もくようび<br>(木曜日) | きんようび<br>(金曜日) | どようび<br>(土曜日) | なんようび<br>(何曜日) |

| | 과거 | | 현재 | 미래 | | 기간 | |
|---|---|---|---|---|---|---|---|
| 일<br>日 | 그저께 | 어제 | 오늘 | 내일 | 모레 | 매일 | 며칠간 |
| | おととい<br>(一昨日) | きのう<br>(昨日) | きょう<br>(今日) | あした<br>(明日) | あさって<br>(明後日) | まいにち<br>(毎日) | なんにちかん<br>(何日間) |
| 주<br>週 | 지지난 주 | 지난 주 | 이번 주 | 다음 주 | 다다음 주 | 매주 | 몇 주간 |
| | せんせんしゅう<br>(先々週) | せんしゅう<br>(先週) | こんしゅう<br>(今週) | らいしゅう<br>(来週) | さらいしゅう<br>(再来週) | まいしゅう<br>(毎週) | なんしゅうかん<br>(何週間) |
| 월<br>月 | 지지난 달 | 지난 달 | 이번 달 | 다음 달 | 다다음 달 | 매달 | 몇 개월간 |
| | せんせんげつ<br>(先々月) | せんげつ<br>(先月) | こんげつ<br>(今月) | らいげつ<br>(来月) | さらいげつ<br>(再来月) | まいつき<br>(毎月) | なんかげつかん<br>(何ヵ月間) |
| 년<br>年 | 재작년 | 작년 | 올해 | 내년 | 내후년 | 매년 | 몇 년간 |
| | おととし<br>(一昨年) | きょねん<br>(去年)<br>さくねん<br>(昨年) | ことし<br>(今年) | らいねん<br>(来年) | さらいねん<br>(再来年) | まいとし<br>まいねん<br>(毎年) | なんねんかん<br>(何年間) |

| 날짜 | | | |
|---|---|---|---|
| 1日 | ついたち | 17日 | じゅうしちにち |
| 2日 | ふつか | 18日 | じゅうはちにち |
| 3日 | みっか | 19日 | じゅうくにち |
| 4日 | よっか | 20日 | はつか |
| 5日 | いつか | 21日 | にじゅういちにち |
| 6日 | むいか | 22日 | にじゅうににち |
| 7日 | なのか | 23日 | にじゅうさんにち |
| 8日 | ようか | 24日 | にじゅうよっか |
| 9日 | ここのか | 25日 | にじゅうごにち |
| 10日 | とおか | 26日 | にじゅうろくにち |
| 11日 | じゅういちにち | 27日 | にじゅうしちにち |
| 12日 | じゅうににち | 28日 | にじゅうはちにち |
| 13日 | じゅうさんにち | 29日 | にじゅうくにち |
| 14日 | じゅうよっか | 30日 | さんじゅうにち |
| 15日 | じゅうごにち | 31日 | さんじゅういちにち |
| 16日 | じゅうろくにち | 何日 | なんにち |

| | 시(時) | 분(分) | 월(月) | 개월(ヶ月) |
|---|---|---|---|---|
| 1 | いちじ | いっぷん | いちがつ | いっかげつ |
| 2 | にじ | にふん | にがつ | にかげつ |
| 3 | さんじ | さんぷん | さんがつ | さんかげつ |
| 4 | よじ | よんぷん/よんふん | しがつ | よんかげつ |
| 5 | ごじ | ごふん | ごがつ | ごかげつ |
| 6 | ろくじ | ろっぷん | ろくがつ | ろっかげつ<br>はんとし(半年) |
| 7 | しちじ | ななふん/しちふん | しちがつ | ななかげつ<br>しちかげつ |
| 8 | はちじ | はっぷん | はちがつ | はちかげつ |
| 9 | くじ | きゅうふん | くがつ | きゅうかげつ |
| 10 | じゅうじ | じゅっぷん/<br>じっぷん | じゅうがつ | じゅっかげつ |
| 11 | じゅういちじ | じゅういっぷん | じゅういちがつ | じゅういっかげつ |
| 12 | じゅうにじ | じゅうにふん | じゅうにがつ | じゅうにかげつ |
| ? | なんじ | なんぷん | なんがつ | なんかげつ |

## □ 조수사

| | 사람 | 물건 | 연령 |
|---|---|---|---|
| 1 | 1人　ひとり | 1つ　ひとつ | 1歳　いっさい |
| 2 | 2人　ふたり | 2つ　ふたつ | 2歳　にさい |
| 3 | 3人　さんにん | 3つ　みっつ | 3歳　さんさい |
| 4 | 4人　よにん | 4つ　よっつ | 4歳　よんさい |
| 5 | 5人　ごにん | 5つ　いつつ | 5歳　ごさい |
| 6 | 6人　ろくにん | 6つ　むっつ | 6歳　ろくさい |
| 7 | 7人　しちにん | 7つ　ななつ | 7歳　ななさい |
| 8 | 8人　ななにん/はちにん | 8つ　やっつ | 8歳　はっさい |
| 9 | 9人　きゅうにん | 9つ　ここのつ | 9歳　きゅうさい |
| 10 | 10人　じゅうにん | 10　とお | 10歳　じゅっさい/<br>じっさい |
| ? | 何人　なんにん | 幾つ　いくつ | 何歳　なんさい |

| | 자동차, 컴퓨터 | 순서 | 책 |
|---|---|---|---|
| 1 | 1台　いちだい | 1番　いちばん | 1冊　いっさつ |
| 2 | 2台　にだい | 2番　にばん | 2冊　にさつ |
| 3 | 3台　さんだい | 3番　さんばん | 3冊　さんさつ |
| 4 | 4台　よんだい | 4番　よんばん/よばん | 4冊　よんさつ |
| 5 | 5台　ごだい | 5番　ごばん | 5冊　ごさつ |
| 6 | 6台　ろくだい | 6番　ろくばん | 6冊　ろくさつ |
| 7 | 7台　ななだい | 7番　ななばん | 7冊　ななさつ |
| 8 | 8台　はちだい | 8番　はちばん | 8冊　はっさつ |
| 9 | 9台　きゅうだい | 9番　きゅうばん | 9冊　きゅうさつ |
| 10 | 10台　じゅうだい | 10番　じゅうばん | 10冊　じゅっさつ/<br>じっさつ |
| ? | 何台　なんだい | 何番　なんばん | 何冊　なんさつ |

| | 가늘고 긴 것<br>(예: 필기구, 펜) | 작은 것<br>(예: 사과, 밤) | 얇고 넓적한 것<br>(예: 종이류, 접시) |
|---|---|---|---|
| 1 | 1本　いっぽん | 1個　いっこ | 1枚　いちまい |
| 2 | 2本　にほん | 2個　にこ | 2枚　にまい |
| 3 | 3本　さんぼん | 3個　さんこ | 3枚　さんまい |
| 4 | 4本　よんほん | 4個　よんこ | 4枚　よんまい |
| 5 | 5本　ごほん | 5個　ごこ | 5枚　ごまい |
| 6 | 6本　ろっぽん | 6個　ろっこ | 6枚　ろくまい |
| 7 | 7本　ななほん | 7個　ななこ | 7枚　ななまい |
| 8 | 8本　はっぽん | 8個　はっこ | 8枚　はちまい |
| 9 | 9本　きゅうほん | 9個　きゅうこ | 9枚　きゅうまい |
| 10 | 10本　じゅっぽん/<br>じっぽん | 10個　じゅっこ/じっこ | 10枚　じゅうまい |
| ? | 何本　なんぼん | 何個　なんこ | 何枚　なんまい |

□ 친족의 명칭

| 친족명 | 낮춤말(겸양어) | | 높임말(존대어) | |
|---|---|---|---|---|
| | 예: わたしの~　저의~ | | 예: あなたの~　댁의~ 당신의~ | |
| 아버지 | ちち | (父) | おとうさん | (お父さん) |
| 어머니 | はは | (母) | おかあさん | (お母さん) |
| 양친 | りょうしん | (両親) | ごりょうしん | (ご両親) |
| 남편, 주인 | しゅじん<br>おっと | (主人)<br>(夫) | ごしゅじん | (ご主人) |
| 아내, 부인 | かない<br>つま | (家内)<br>(妻) | おくさん | (奥さん) |
| 형, 오빠 | あに | (兄) | おにいさん | (お兄さん) |
| 누이, 언니 | あね | (姉) | おねえさん | (お姉さん) |
| 남동생 | おとうと | (弟) | おとうとさん | (弟さん) |
| 여동생 | いもうと | (妹) | いもうとさん | (妹さん) |
| 형제 | きょうだい | (兄弟) | ごきょうだい | (ご兄弟) |
| 아들 | むすこ | (息子) | むすこさん | (息子さん) |
| 딸 | むすめ | (娘) | むすめさん | (娘さん) |
| 할아버지 | そふ | (祖父) | おじいさん | (お祖父さん) |
| 할머니 | そぼ | (祖母) | おばあさん | (お祖母さん) |
| 아저씨 | おじ | (伯父/叔父) | おじさん | (伯父さん/叔父さん) |
| 아주머니 | おば | (伯母/叔母) | おばさん | (伯母さん/叔母さん) |
| 조카(남자) | おい | (甥) | おいごさん | (甥ごさん) |
| 조카(딸) | めい | (姪) | めいごさん | (姪ごさん) |
| 사촌(종형제) | いとこ | (従兄弟) | いとこのかた | (従兄の方) |
| 친척 | しんせき<br>しんるい | (親戚)<br>(親類) | ごしんせき<br>ごしんるい | (ご親戚)<br>(ご親類) |
| 가족 | かぞく | (家族) | ごかぞく | (ご家族) |

# 찾아보기

## あ

| | |
|---|---|
| あう(会う) | 만나다 |
| あお(青) | 파랑 |
| あか(赤) | 빨강 |
| あかい(赤い) | 빨갛다 |
| あかるい | 밝다 |
| あき(秋) | 가을 |
| あく(空く) | 비다 |
| あさがた(朝型) | 아침형 |
| あさごはん(朝ごはん) | 아침밥 |
| あそぶ(遊ぶ) | 놀다 |
| あたたかい | 따뜻하다 |
| あたま(頭) | 머리 |
| あつい(暑い) | 덥다 |
| あなた | 당신 |
| あぶない(危ない) | 위험하다 |
| あめ(雨) | 비 |
| あるく(歩く) | 걷다 |
| あわてる | 당황하다 |
| アパート | 아파트 |
| アメリカじん(アメリカ人) | 미국인 |

## い

| | |
|---|---|
| いい | 좋다 |
| いけ(池) | 연못 |
| いす | 의자 |
| いそがしい(忙しい) | 바쁘다 |
| いそぐ(急ぐ) | 서두르다 |
| いたい(痛い) | 아프다 |
| いちにちじゅう(一日中) | 하루 종일 |
| いちねんせい(１年生) | 1학년 |
| いろ(色) | 색 |
| いろいろ | 여러 가지 |

## う

| | |
|---|---|
| うた(歌) | 노래 |
| うたう(歌う) | 노래하다 |
| うち(家) | 집 |
| うみ(海) | 바다 |
| うらやましい | 부럽다 |
| うわぎ(上着) | 겉옷, 윗도리 |

| | |
|---|---|
| うんてんする(運転する) | 운전하다 |
| うんどうじょう(運動場) | 운동장 |

## え

| | |
|---|---|
| えいが, えいが(映画) | 영화 |
| えいご(英語) | 영어 |
| えんぴつ | 연필 |

## お

| | |
|---|---|
| おいしい, おいしい | 맛있다 |
| おおい(多い) | 많다 |
| おおきい(大きい) | 크다 |
| おきどけい(置き時計) | 탁상시계 |
| おきる(起きる) | 일어나다 |
| おく(置く) | 두다 |
| おさけ(酒) | 술 |
| おしえる(教える) | 가르치다 |
| おしゃべり | 수다, 잡담 |
| おそれ | 우려 |
| おちゃ(茶) | 차 |
| おちる(落ちる) | 떨어지다 |
| おなじだ(同じだ) | 같다, 동일하다 |
| おふろ(お風呂) | 목욕, 욕실 |
| おぼえる(覚える) | 기억하다 |
| おもい(重い) | 무겁다 |
| おもしろい | 재미있다 |
| およぐ(泳ぐ) | 헤엄치다 |
| おわる(終わる) | 끝나다 |
| おんがく(音楽) | 음악 |
| おんな(女) | 여자 |
| おんなのこ(女の子) | 여자아이 |

## か

| | |
|---|---|
| かいしゃいん(会社員) | 회사원 |
| かいもの(買い物) | 쇼핑 |
| かえる | 개구리 |
| かえる(帰る) | 돌아가다 |
| かお(顔) | 얼굴 |
| かかる | 걸리다 |
| かく(書く) | 쓰다 |
| かぐ(嗅ぐ) | 맡다 |
| がくせい(学生) | 학생 |
| かさ(傘) | 우산 |
| かし(歌詞) | 가사 |
| かす(貸す) | 빌려주다 |
| かなしい | 슬프다 |
| かのじょ | 그녀 |

かばん 가방
からい(辛い) 맵다
かるい(軽い) 가볍다
かれ 그 사람
かんがえる, かんがえる(考える) 생각하다
かんこうち(観光地) 관광지
かんこくご(韓国語) 한국어
かんこくじん(韓国人) 한국인
ガス 가스
カメラ 카메라

## き……………………………

き(木) 나무
きいろい 노랗다
きく(聞く) 듣다
きた(北) 북, 북쪽
きめる(決める) 결정하다
きもの(着物) 일본 옷, 기모노
きょうしつ(教室) 교실
きょねん(去年) 작년
きらいだ 싫어하다
きる(切る) 자르다
きる(着る) 입다
きれいだ 예쁘다, 깨끗하다
ぎんこう(銀行) 은행
キャンパス 캠퍼스

## く……………………………

くすり(薬) 약
くだもの 과일
クラスメート 급우

## け……………………………

けさ(今朝) 오늘아침
けしゴム 지우개
けっこんする(結婚する) 결혼하다
げんきだ(元気だ) 건강하다
ケータイ 휴대폰

## こ……………………………

こいぬ(子犬) 강아지
こいびと(恋人) 연인, 애인
こうえん(公園) 공원
こうつう(交通) 교통
こうはい(後輩) 후배

| | |
|---|---|
| こうばん(交番) | 파출소 |
| ごご(午後) | 오후 |
| ごぜん(午前) | 오전 |
| こたえる, こたえる(答える) | 대답하다 |
| こども | 아이 |
| このまま | 이대로 |
| こわい(怖い) | 무섭다 |
| コーヒー | 커피(coffee) |
| コピー | 복사(copy) |
| ゴミ | 쓰레기 |

## さ……………………………

| | |
|---|---|
| ざっし | 잡지 |
| さびしい | 쓸쓸하다 |
| さむい(寒い) | 춥다 |
| さんぽ(散歩) | 산책, 산보 |
| サイズ | 사이즈 |
| サイダー | 사이다 |
| サッカー | 축구 |

## し……………………………

| | |
|---|---|
| しごと(仕事) | 일 |
| じしょ | 사전 |
| ししょく(試食) | 시식 |
| じしん(地震) | 지진 |
| しずかだ | 조용하다 |
| しぜん(自然) | 자연 |
| しちゃくしつ(試着室) | 탈의실 |
| じてんしゃ(自転車) | 자전거 |
| しぬ(死ぬ) | 죽다 |
| しめる(閉める) | 닫다 |
| しゅうまつ(週末) | 주말 |
| じゅぎょう(授業) | 수업 |
| しゅくだい(宿題) | 숙제 |
| しょうかいする(紹介する) | 소개하다 |
| じょうずだ(上手だ) | 잘하다 |
| しょうせつ(小説) | 소설 |
| しょくじ(食事) | 식사 |
| しょくどう(食堂) | 식당 |
| しる(知る) | 알다 |
| しんかんせん(新幹線) | 신칸센 |
| じんせい(人生) | 인생 |
| しんせつだ(親切だ) | 친절하다 |
| シャーペン | 샤프펜슬 |
| シャツ | 셔츠 |
| ジョギング | 조깅 |

## す

| | |
|---|---|
| すいか | 수박 |
| すう(吸う) | 피우다 |
| すきだ(好きだ) | 좋아하다 |
| すずしい | 시원하다 |
| すてきだ | 멋지다 |
| スマホ | 스마트폰 |
| すむ(住む) | 살다, 거주하다 |
| スーパー | 슈퍼 |
| スポーツ | 스포츠 |

## せ

| | |
|---|---|
| せいもん(正門) | 정문 |
| せかいじゅう(世界中) | 전 세계 |
| せんせい | 선생님 |
| せんぱい | 선배 |

## そ

| | |
|---|---|
| そうじ | 청소 |
| そと(外) | 밖 |
| そば | 메밀국수 |
| そろそろ | 슬슬 |

## た

| | |
|---|---|
| だいがく(大学) | 대학 |
| だいがくせい, だいがくせい(大学生) | 대학생 |
| だいじょうぶだ(大丈夫だ) | 괜찮다 |
| たいへんだ | 큰일이다, 힘들다 |
| たかい(高い) | 높다, 비싸다 |
| たくさん, たくさん | 많이 |
| だす(出す) | 내다 |
| たたみ | 다다미 |
| たつ(立つ) | 서다 |
| たてもの, たてもの | 건물 |
| たのしい | 즐겁다 |
| たばこ | 담배 |
| たべもの, たべもの | 음식물, 먹을 것 |
| たまご | 계란 |
| だれ | 누구 |
| タクシー | 택시 |
| ダンス | 댄스 |

## ち……………………………

| | |
|---|---|
| ちかい(近い) | 가깝다 |
| ちかく, ちかく(近く) | 근처 |
| ちかてつ(地下鉄) | 지하철 |
| ちゅうごく(中国) | 중국 |
| ちょうど | 꼭, 알맞게, 마침 |
| ちょっと, ちょっと | 잠깐 |

## つ……………………………

| | |
|---|---|
| つかう(使う) | 사용하다 |
| つくえ | 책상 |
| つくる(作る) | 만들다 |
| つれる(連れる) | 데리고 오(가)다 |
| つよい(強い) | 강하다 |

## て……………………………

| | |
|---|---|
| て(手) | 손 |
| てがみ(手紙) | 편지 |
| てんいん(店員) | 점원 |
| でんしゃ(電車) | 전차 |
| でんわする(電話する) | 전화하다 |
| デザイン | 디자인 |
| テスト | 테스트 |
| デパート | 백화점 |
| テーブル | 테이블 |
| テレビ | 텔레비전 |

## と……………………………

| | |
|---|---|
| どうが(動画) | 동영상 |
| とおい(遠い) | 멀다 |
| とけい | 시계 |
| としょかん(図書館) | 도서관 |
| とにかく | 어쨌든, 하여간 |
| とめる(止める) | 멈추다, 잠그다 |
| ともだち(友だち) | 친구 |
| ドア | 문 |
| トイレ | 화장실 |
| トマト | 토마토 |
| ドラマ | 드라마 |

## な……………………………

| | |
|---|---|
| ながい(長い) | 길다 |
| なし | 배 |
| なつ(夏) | 여름 |
| なまえ(名前) | 이름 |

なんねんせい(何年生)　몇 학년

## に……………………………

にあう(似合う)　어울리다
にぎやかだ　번화하다
にほんご(日本語)　일본어
にほんじん(日本人)　일본인
にもつ(荷物)　짐
にわ(庭)　마당
にんき(人気)　인기
ニュース　뉴스

## ぬ……………………………

ぬぐ(脱ぐ)　벗다

## ね……………………………

ねこ　고양이
ねる(寝る)　자다

## の……………………………

のみもの(飲みもの)　마실 것, 음료
のむ(飲む)　마시다
ノート　노트

## は……………………………

は(歯)を みがく　이를 닦다
はいる(入る)　들어가다, 들어오다
はげしい　심하다
はこ　상자
ばしょ(場所)　장소
はしる(走る)　달리다
はな(花)　꽃
はなす(話す)　말하다, 이야기하다
はやい(速い)　빠르다
はやね はやおき(早寝 早起き)　일찍 자고 일찍 일어남
はる(春)　봄
バス　버스
パソコン　개인용 컴퓨터

## ひ

| | |
|---|---|
| ひく(弾く) | 치다 |
| ひと(人) | 사람 |
| ひまだ(暇だ) | 한가하다 |
| ひろい(広い) | 넓다 |

## ふ

| | |
|---|---|
| ふゆ(冬) | 겨울 |
| ふる(降る) | 내리다 |
| ふるい(古い) | 오래되다, 낡다 |

## へ

| | |
|---|---|
| へや(部屋) | 방 |
| ベッド | 침대 |
| べんきょう | 공부 |
| べんりだ(便利だ) | 편리하다 |

## ほ

| | |
|---|---|
| ぼうし | 모자 |
| ほん(本) | 책 |
| ほんだな | 책장 |
| ほんとうに(本当に) | 정말 |
| ほんや(本屋) | 서점 |
| ボールペン | 볼펜 |

## ま

| | |
|---|---|
| まいあさ(毎朝) | 매일 아침 |
| まいにち(毎日) | 매일 |
| まじめだ | 성실하다 |
| まち(町) | 동네, 거리 |
| まつ(待つ) | 기다리다 |
| まど(窓) | 창문 |
| まなぶ(学ぶ) | 배우다, 익히다 |
| マニュアル | 매뉴얼 |

## み

| | |
|---|---|
| みず(水) | 물 |
| みせ(店) | 가게 |
| みなみ, みなみ(南) | 남, 남쪽 |
| みる(見る) | 보다 |

## む

| | |
|---|---|
| むし(虫) | 벌레 |
| むずかしい, むずかしい | 어렵다 |

## め

| | |
|---|---|
| めがね | 안경 |
| メニュー | 메뉴 |

## も

| | |
|---|---|
| もも | 복숭아 |

## や

| | |
|---|---|
| やさい(野菜) | 야채 |
| やさしい | 상냥하다, 쉽다 |
| やすみ | 휴가, 휴일, 쉬는 시간 |
| やすむ(休む) | 쉬다 |
| やっぱり | 역시 |
| やめる | 그만두다 |

## ゆ

| | |
|---|---|
| ゆうびんきょく(郵便局) | 우체국 |
| ゆうべ | 어젯밤 |
| ゆうめいだ(有名だ) | 유명하다 |
| ゆき(雪) | 눈 |
| ゆきまつり(雪まつり) | 눈축제 |
| ゆれる(揺れる) | 흔들리다 |

## よ

| | |
|---|---|
| よぶ(呼ぶ) | 부르다 |
| よむ(読む) | 읽다 |

## ら

| | |
|---|---|
| らくだ(楽だ) | 편하다 |
| ライブ | 라이브 |

## り……………………………

りっぱだ　　　훌륭하다
りゅうがくせい(留学生)　　　유학생
りょう(療)　　　기숙사
りんご　　　사과

## れ……………………………

レストラン　　　레스토랑

## ろ……………………………

ろうか　　　복도

## わ……………………………

わかる　　　알다
わたし(私)　　　나, 저